JN205988

同窓会に行けない症候群

鈴木信行

日経BP

今、日本には、
2種類の人間がいる。
同窓会に行ける人と、
行けない人だ。

註

これから本書で紹介される同窓会に関する分析は、
過去に『日経ビジネス』が企画した経済・社会分析記事をベースに著者が考察した個人的見解である。
読者が本書の内容を考慮し同窓会への出欠を判断することは自由だが、
それによって発生するいかなる事態にも、著者及び出版社は一切の責任を負わない。

同窓会に行けない症候群

CONTENTS

7 はじめに

19 第一章 会社で出世しなかった

同窓会に行けない事情①

21 部下の残業で書類送検された人の末路
弁護士の多田 猛氏に聞く

44 同窓会参加状況─自由研究
クラスの誰が同窓会に来ないのか

55 第二章 起業して失敗した

同窓会に行けない事情②

63 ラッシュ時に電車を遅延させた人・親族の末路
鉄道事故裁判に詳しい弁護士の佐藤健宗氏に聞く

79 第三章 「好き」を仕事にできなかった

同窓会に行けない事情③

88 『好き』を仕事に—自由研究
世紀のパロディ「フランク三浦」の末路
「フランク三浦」の製造販売元、ディンクスの下部良貴社長に聞く

101 第四章 「仕事以外の何か」が見つからなかった

同窓会に行けない事情④

117 経済的独立—自由研究
資産1億円ぽっちでリタイアする人の末路
コアプラス・アンド・アーキテクチャーズの玉川陽介社長に聞く

131 第五章 職業選び編

同窓会に行くための人生設計①
ホワイトハッカー／人工肉クリエイター／ドローン制御技師／データサイエンティスト／サイボーグ技術者／eスポーツプレーヤー／インセクトブリーダー／オンライントレーダー

158 新しい職業の形—自由研究
海外から来て日本を壊し始めた集団の末路
〝ある集団〟に詳しい小菅康弘氏に聞く

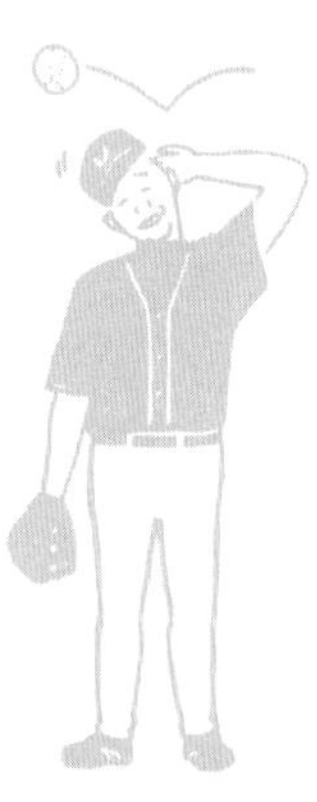

171 第六章 同窓会に行くための人生設計② 心構え編

173 小学校時代にモテた男子の末路
高須クリニック院長の高須克弥氏に聞く

187 大企業を辞めて「出家」した人の末路
中野坊主バー店主、真宗大谷派・瑞興寺僧侶の 釈 源光氏に聞く

199 第七章 同窓会に行けない人々の末路

205 保育園建設に反対する高齢者の末路
「脳の学校」の加藤俊徳社長、医師・医学博士に聞く

223 最終章 あとがきに代えて

本章に登場する主な社会現象

➡スクールカースト
容姿やコミュニケーション能力などにより生徒間に階層ができる現象

➡便乗時短
働き方改革に乗じ、必要な仕事まで減らしたり上司に丸投げしたりすること

➡年下上司
成果主義導入と年功序列崩壊で出現した、年上の部下を抱える若手管理職のこと

➡ゾンビ起業
起業後、成功したとは言い難い状態で経営を漫然と続けること

➡高学歴貧困
有名大学を出ても転職を繰り返すうちに貧困化してしまうこと

➡保育園建設反対運動
新設予定の保育園が住民運動により建設中止や延期に追い込まれていること

➡凶暴老人
駅や店舗でのちょっとした不満から必要以上に怒りを露わにする高齢者のこと

➡社会的孤立
高齢化や家族・近隣との不和により、人と交流しない生活状況に陥ること

➡ノー残業デー難民
「ノー残業デー」に居場所がなく街をさまよう人々のこと

➡商標権侵害紛争
グローバル化によって激化する企業間競争の一舞台

➡特定外来生物問題
輸入生物が放し飼いにされ、在来生物の住環境に影響を及ぼすこと

はじめに

２０１９年2月に公開され興行収入30億円超えのヒットになった映画『翔んで埼玉』で、「ある意味で埼玉の首都」として描かれたのは池袋でした。

東京都による理不尽な一極支配を打破すべく埼玉県民が非合法に潜伏し、彼らを取り締まる「ＳＡＴ（埼玉急襲部隊）」の気球船が「ＳＥＩＢＵ」や「ＴＯＢＵ」のネオンの前を物々しく警戒飛行する――。そんなトンデモ近未来都市として登場した池袋ですが、この街が埼玉県民にとって「都内なのに心落ち着ける場所」なのはおおむね事実のようで、映画を見た埼玉在住の方から一連の誇張表現に対する強硬な抗議などはほとんどなかったようです。

さて、この奇想天外な映画では、埼玉県民とともに千葉県民も脚光を浴びましたが、千葉生まれの人にも池袋に該当する街が都内に存在します。錦糸町です。

千葉と東京を結ぶＪＲ総武線の事実上都心側の起点であり、通勤や通学、買い物、レジャーに、房総半島で暮らす人々が内房線や外房線を乗り継ぎ、日夜押し寄せます。２０００年以降は再開発が進み、「アルカキット」や「オリナス」といったショッピングモールが立ち並ぶ一方、路地裏に入ると赤提灯やエスニック料理店が軒を連ねる街、錦糸町。そんな「ある意味で千葉の首都」から話は始まります。

50代に静かに広がる「同窓会行けない症候群」

その日、駅南口の居酒屋で50代と思しき男性5人組と隣席になったのは偶然からでした。5人は千葉県内の小中学校の同級生。「じゃあ今日はミニ同窓会ですね」。何気なくそう確認すると、1人がこんなことを言い出しました。

「大勢が集まる同窓会にはもう参加したくない」

彼らの言い分をまとめると次のようになります。

①小中学校の同窓会は定期的に開催されているが、原則として欠席する。

②昔の友人と全く会わないわけではなく、年に1度はこうして当時の仲間と飲む。

③メンバーは気心の知れた5人のみ。場所は大体、錦糸町。

④5人の間でも、〝社会に出た後にどんな人生を歩み、企業社会でどのくらい出世し、どの程度の資産を築いたか〟といった「込み入った話」は聞かない（薄々は知っている）。

「旧交を温めるのはこのくらいがちょうどいい」と口を揃える彼ら。他の同窓生がどうなったかは、むしろあまり知りたくないのだそうです。

彼らの言う通り、会合の目的が本当に「他の同窓生に遭遇せずに〝いつものメンバー〟だけで会うこと」なら、なぜ落ち合う場所が毎回、地元の市原市や茂原市などでなく錦糸町なのかについても納得が行きます。錦糸町なら、地元に残っている人も、地元を出て都内などで暮らしている人もともに集まりやすいし、何より「他の同窓生にうっかり会ってしまう確率」がずっと低く〝安全〟なのです。

定期的に開催される故郷の同窓会を楽しみにしている方、特に70～80代の「引退世代」からすれば、何とも奇妙な話に思われるかもしれません。「どうせ昔の仲間と会うなら、地元で大勢の方が楽しいのでは」「込み入った話はしないって、机を並べて勉強した竹馬の友を相手に何を遠慮しているのか」――。

ところが、同窓会幹事代行サービスを手掛けるある企業によると、日本では現在、「現役世代」の間で、同様の「同窓会の小規模化」が確かに進行しているといいます。実際、同社が2010年に実施した調査によると、当時の段階で既に、アンケート対象者の20～50代（今の30～60代）1107人のうち89％の人が「50人以上の同窓会に参加した経験がない」と回答しています。

さらに、温泉旅行の予約サービスを運営するある会社の2016年の調査を見ると、年齢が下がるほど、小規模化どころか同窓会そのものに顔を出さない人が増えるとの結果が出ています。70代の同窓会参加率が62・2％なのに対し、60代は42・5％、50代は24・8％なのです。

その背景には、SNS（交流サイト）が普及した結果、幼なじみと容易に近況を報告し合える環境が出現したことや、大規模な同窓会を開催する上で必要な名簿作りが個人情報保護法によって難しくなったことなどの事情もあるでしょう。しかしそれだけの理由で、ここまで同窓会の小規模化や〝ボイコット〟が進行するとは思えません。「それに加えて、錦糸町の5人のように『そもそも参加したくない』と思う人が増えたことも大きな原因」と考える方が自然ではないでしょうか。

「スクールカースト犯人説」だけでは説明できず

だとすればなぜ、今の現役世代には、引退世代に比べ同窓会に消極的な人が増えているのでしょうか。

ネット上の議論などでポピュラーなのは「スクールカースト犯人説」です。スクールカーストとは、文字通り、学校のクラスの中で「カースト制度」のように出現する序列のことで、容姿やコミュニケーション能力など様々な基準により生徒の間に階層ができる現象を言います。学生時代に〝下位の階層〟に位置していた人は、同窓会という当時のクラスの状況を再現した環境に身を置くと、当時の「イケていなかった自分」をどうしても思い出してしまう。だから同窓会出席に消極的になる――。これが、「同窓会衰退の要因＝スクールカースト説」の骨子です。

しかしこれだけでは、なぜ昭和の時代の同窓会は盛んだったのかが、うまく説明できません。今ほど露骨ではなくても、運動神経や学力、家の資産などによるクラスの中の階層は古くから存在するものだからです。昭和の時代の〝元・イケてない子〟は、なぜ積極的に同窓会に参加できたのでしょう。

同窓会に消極的な理由としてもう一つ、よく指摘されるのが「容姿の変化」です。薄毛になってしまった、体型が大きく変わった……。「過去の自分とあまりに違うから参加したくない」というわけですが、これまた、中年後のＡＧＡ（男性型脱毛症）の進行や肥満化は今に始まった話ではありません。容姿が若い頃と様変わりした昭和の時代の中高年たちは、なぜ堂々と同窓会に参加できたのでしょう。

本書ではそんな一連の疑問を解消するため、マイナビが２０１２年に実施した同窓会に関する調査に注目します。それによると、「同窓会に行かない理由」として「時間がない」や「会いたくない人がいる」など様々な答えが出る中、男女合わせた全回答者９６２人から最も多く挙がったのは「自分に自信がないから」でした。本書はあえてこの「要は、自分に自信がなくて、かつての同級生に合わす顔がないから、同窓会に行きたくない」という答えに着目します。

なぜなら、今の現役世代、特に50代以下の多くは、上の世代に比べてはるかに「大人になって自信をなくしやすい経済環境」で生きてきた、と考えられるからです。

平成世代を襲った「自信をなくしやすい経済環境」

「人間が自信を持って成長していくには、他者からの『承認』が不可欠」。同志社大学政策学部教授で、人間のモチベーションを研究する太田肇氏はこう指摘します。

では、現代社会で他者から「あの人すごいな」という承認を得るにはどうすればいいかというと、すぐに思いつくのは「社会的に成功すること」です。何も大金持ちになる必要はありません。会社でそれなりに出世をする、事業を起こして独り立ちする——。そんな「普通の成功」も積み重ねれば、自信の源になります（そうでなければ、この世界は一部の突出した成功者を除き、自信のない人だらけになってしまいます）。

そう考えれば、高度経済成長期とバブルの時代を生きた今の70〜80代の引退世代の多くは、個人差こそあれ、それぞれが自分なりの自信を持って人生を歩むことが可能だったと言えます。

彼らの小中学校時代にも、クラスには様々な生徒がいました。学業優秀な学級委員長、腕っ節の強い番長格、運動神経に長けたヒーロー、お調子者のムードメーカー、地味でおとなしい普通の子……。地元に残った子もいれば、上京した子もいたはずですが、いずれにせよ当時は、普通に会社員になれば、50代を迎える頃には理想に近いポストや収入、生活水準を獲得できるチャンスが今より確実にあり、同窓会に出られなくなるほど自信を失う人は少数派だったと思われます。

しかし、現役世代、とりわけ50代以下の「平成世代」はそうではありません。右肩上がりの時代が終わり、バブルの残り香も消える中、日本経済を取り巻く環境は大きく変わり、多くの人は年を取っても理想の地位には付けず、収入も頭打ちとなってしまいました。

「以前、参加した時についい会社や自分の役職の自慢をしてしまったが、5年前に知名度が高くない別会社に出向してしまった。今は、恥ずかしくて参加できない」。シニア向け起業セミナーに参加しているという52歳の男性会社員は同世代の気持ちをこう代弁します。

最近は、意図せぬ出向どころか、「雇用保蔵者」と呼ばれ、会社に籍を置きながら事業活動に活用されていない人も増えています。いわゆる「終わった人」です。リクルートワークス研究所によると、1995年に186万人だった日本の雇用保蔵者は2010年には426万人まで増加しました。一方、より労働条件が不安定な非正規雇用の人も増えています。平成の30年間に、日本が昔に比べて「多くの人が自信をなくしやすい経済環境」となった点について強く異議を唱える人は少ないはずです。

では、平成の30年間に起きた経済環境の変化によって自分に自信が持てなくなり、同窓会に行けなくなったのは、先程の学校のクラスに例えると、どのポジションの人なのでしょうか。こここでは分かりやすく国民的アニメの力を借りて、昭和の時代と今の同窓会の参加状況をイメージしてみます。『ちびまる子ちゃん』です。

国民的アニメに例えて考える「同窓会崩壊」

通巻発行部数3000万部以上、テレビアニメ視聴率歴代1位（39・9％、1990年10月28日）という空前のヒット作品の土台は、作者である故・さくらももこ氏の小学校時代の体験にあると言われ、舞台となる「入江小学校3年4組」には個性豊かな生徒たちが多数登場します。彼らの同窓会はどうなったのでしょうか。盛り上がったのか、閑散としたのか。それは物語の設定をどの時代にするかで変わってきます。

仮に、3年4組の仲間が現在70代の「昭和世代」（3年4組在籍時は昭和30年代と仮定）だとすれば、同窓会の参加状況は本書の理論によれば、上の表のようになります。

そして仮に3年4組の仲間が現在50代以下の「平成世代」（3年4組在籍は昭和50年代と仮定、〝現実〟の『ちびまる子ちゃん』に近い設定）であれば、

参加	まる子　たまちゃん　はまじ　ブー太郎　永沢君　山田君　藤木君　丸尾君
不参加	花輪君　野口さん　大野君　杉山君
保留	なし

参加	丸尾君　山田君
不参加	まる子　たまちゃん　永沢君　藤木君　花輪君　野口さん　大野君　杉山君
保留	はまじ　ブー太郎

参加状況は本書の推測が正しいとなれば、上のように変わります。

「昭和の同窓会」では70％近かった参加率が「平成の同窓会」では20％以下に下落し、まる子やたまちゃんをはじめ、中核メンバー（まじめで普通の子、おとなしい子）がごっそり消えてしまいました。なぜなのでしょう。

はまじやブー太郎（クラスのムードメーカー）が返事を保留しているのも不思議です。花輪君（地元富裕層の御曹司）や野口さん（クラスの異才）、大野君と杉山君（運動神経抜群の人気者）がいつの時代も不参加なのは、いかなる理由があるのでしょう。

一連の疑問を解消するには、日本の同窓会を崩壊させた「平成の30年間の経済環境の変化」をもう少し研究する必要があります。研究すればするほど、その「平成の30年間の経済環境の変化」こそが、同窓会を取り巻く諸事情のみならず、近年世間をにぎわす「凶暴老人」「高学歴貧困」「社会的孤立」といった様々な社会問題の温床にもなっていることが鮮明になっていくはずです。

それでは『同窓会に行けない症候群』、最後までお楽しみください。

注

〝現実〟の『ちびまる子ちゃん』では、１９９７年発行『映画第1作特別書き下ろしちびまる子ちゃん―大野君と杉山君―』に収録された「まる子のクラスの同窓会」で、まる子たちが26歳の時に開催された同窓会の様子が描かれています。

場所は静岡プラザホテル3階「はごろもの間」で、日時はおそらく１９９１年10月8日。この時は、先の主力メンバー12人のうち、たまちゃん、はまじ、ブー太郎、永沢君、藤木君、大野君、杉山君、丸尾君、花輪君の9人が出席しています（まる子は開催日を間違え不参加、野口さん、山田君は姿を確認できず）。

75％という高い参加率ですが、これは、①フィクションであるうえ、②平成に入った直後、それも③26歳の若い時期に開催された同窓会であるため、と考えます。実際に3年4組のメンバーが現実社会に暮らしていて、仮に彼らが54歳となった２０１９年の今、開催すれば、参加率は確実に下がるというのが本書の見解です。

第一章

同窓会に行けない事情①

会社で出世しなかった

「同窓会に行けない症候群」が広がる背景には、経済環境の変化によって大人になっても十分な自信を持てない人が増えたことがあるのではないかと既に考察しました。一方で、人が自信を持つには承認欲求が満たされることが必要で、そのための方法の1つが「社会的成功を収めること」なのも指摘した通りです。総務省統計局によると、6000万人を超える日本の就業者の約9割は会社員だそうですから、失業者や専業主婦なども考慮して大雑把に計算すると、クラスメートが30人いれば24人は会社員になったことになります。そう考えれば、

「今の日本で、自信を持って人生を歩む（同窓会に堂々と参加する）ためのポピュラーな方法」
＝「会社でそれなりに出世すること」

となるのではないでしょうか。

昭和の時代に比べ難しくなった出世

ところが結論から言えば、今は昔に比べ、会社員が出世するのは非常に難しい時代になりました。

ここで言う出世とは、「課長→部長→役員→社長」とポストのラインを上がっていくことだけではありません。組織がピラミッド型である以上、上の階層になるにつれポストの数は減って

いきます。このため、仮に「部長以上に上り詰めること」＝出世と定義してしまえば、該当する人はほんの一部になってしまいます。

そこで、ここでは出世を「小さなプロジェクトでもいいのでチームを率い、プライドと責任を持って仕事をする立場になること」と広義に解釈します。それでもなお、昭和の時代と比べて出世は難しくなった、というのが本章のテーマです。

まずは、今の時代、「チームのリーダー」「他人の上司」になるということが、いかにリスクが高い行為なのかを見ていきましょう。

部下の残業で書類送検された人の末路

弁護士の多田 猛氏に聞く

国を挙げて働き方改革が進む中、部下の残業で書類送検される企業幹部が増えている。2016年暮れの大手広告会社の幹部社員に続き、

2017年1月には大手電機メーカーでも労務管理を担当する社員が労働基準法違反の疑いで書類送検された。同様の事案は分野や地域を越えて広がっており、地方の運送業や小売業などでも営業所長や労務担当取締役などが摘発される事例が発生している。果たして部下の残業で書類送検されると人生はどうなるのか。労務問題に詳しい弁護士に話を聞いた。

多田 猛（ただ・たけし）
イーリス総合法律事務所代表弁護士。1998年3月淳心学院高等学校卒業。2002年3月京都大学法学部卒業。2011年3月一橋大学法科大学院卒業。2013年4月第二東京弁護士会、子どもの権利に関する委員会幹事。フェリクス少額短期保険代表取締役。子ども・家庭の法律問題をはじめ、幅広い分野で活躍中。

——そもそも書類送検とは、法律的にはどういうものなのでしょう。

多田　書類送検というのは法律用語ではなく、マスコミ用語なんです。法律用語で最も近い言葉は「送致」と言います。法律を犯した恐れのある人物がいた場合、当局には、その人物を検察に送って「この人間は法律を犯した可能性があるので判断して欲しい」と要請する権利があります。当局は法律によって異なり、刑法ですと警察に、労働基準法ですと労働基準監督署にその権利があります。

——なるほど。

多田　その際、被疑者に逃亡の恐れなどがある場合は、逮捕し拘束できます。そうやって逮捕して本人を物理的に検察に送るのが「身柄の送致」です。一方、被疑者に逃亡の恐れがなく逮捕する必要まではない場合は、身柄の拘束はせず、検察に報告だけすることになります。これが書類送検と言われるもので、労働基準法違反容疑の場合、よほど悪質でない限り、身柄の送致はありません。

本当は「1時間オーバー」でも違法行為

――どの程度、残業させたらアウトなんですか。

多田　厳密に言えば、労使協定で定めた残業時間を1時間でも越えれば法律違反として送致する権限が労基署に生まれます。

――1時間オーバーでアウトなら、日本中の企業幹部が連日、書類送検されることになってしまいますが。

多田　1時間オーバーでも送致の権限は生まれます。生まれますが、労基署にもマンパワーの限界がありますから、書類送検するのは全体の一部に限られます。捜索の対象になるのは往々にして、労働者による告発があった場合か、過労自殺などの死者が出た場合です。こうなると労基署は対象企業に調査に入り、資料を差し押さえるなど証拠を固め、普通は「指導」、次に「勧告」、それでも改善が見られない場合は、法人と個人の「書類送検」へと進むことになります。

――どうやって白黒の判定をするのですか。

多田　出勤簿、ＰＣのログ、タイムカードなどです。

――それでは不十分ではないでしょうか。出勤簿が自己申告制の悪徳企業の多くは、従業員にウソの申告をさせています。出勤簿には「ノー残業デー」と書きながら、普通に深夜残業している企業もあります。

多田　その場合は、出勤簿にウソを書くように指示した証拠を探します。

――指示は基本、口頭だと思います。それも「出勤簿をごまかせ」ではなく「工夫して書け」など曖昧な言い方で圧力をかけるケースが多いかと。あるいは無言の圧力で、「有給取ったら、ただじゃ済まさない」的な〝空気〟を作って、社員を威圧している企業もあるはずです。

多田　それでも、本当に過剰残業が常態化していれば会社のどこかに証拠はあるものです。労基署もプロですし、たとえ物的証拠がなかったとしても、例えば従業員の証言なども立派な証拠になります。

――仮に証拠を突きつけられても、〝残業強要上司〟の中には「自分は早く帰れと言ったのに、部下が自発的に残業した」とシラを切る人もいるかと。

多田　その言い逃れは、労働基準法事案ではあまり意味がありません。強制であろうとなかろうと、従業員が過剰な仕事を抱え、過剰な労働をしていれば、法律違反と見なされ、「使用者」の責任が問われます。口頭で指示していようが、空気を作って圧力をかけていようが、あまり関係ありません。

「現場が勝手にやった」では言い逃れできない

――責任を問われる「使用者」はどうやって特定されるんですか。

多田　簡単に言えば、「従業員が過剰な残業をせざるを得ない状況を作り上げた者」あるいは「その環境を改善できたはずの者」が、責任を問われる「使用者」となります。

――最近の書類送検事案を見ると、個人として書類送検されているのは直属の上司や現場の長、労務担当役員で、社長が挙げられるケースは少ない気がします。やはり、一番偉い人は「全部現場が勝手にやった。俺は一切知らない」としらばっくれるんですか。

多田　社長の場合、「知らなかった」と言い逃れすると今度は管理者としての責任が問われると思います。そうではなく「知っていた」と主張しているはずです。

――どういうことですか？

多田　つまり「現場の勤務データは緻密に管理し、一生懸命指導もしていた。でも勤務データ自体を現場が改竄していた。自分は現場に騙された」という主張です。

――うーん、釈然としませんが、基本は分かりました。ここからが本題です。部下の残業で書類送検されると人生はどうなるのでしょう。まずは当局から連絡が来るんですよね？

多田　ケースバイケースですが、検察から「あなたが送致されてきました」と電話が来ることもあれば、労基署から「あなたを送致しました」という連絡が来ることもあります。

――それは、家の電話それとも携帯、あるいは会社ですか。

多田　それもケースバイケースです。一般的には労基署が捜索に入った段階で、関係者の事情聴取をしますから、その時点で被疑者の連絡先は聞いています。

衝撃の結論　書類送検された人の末路は…

――それからどうなりますか。

多田　検察から呼び出しがきます。本来はこの時点で被疑者に出頭義務はないんですが、意味もなく拒むと「証拠隠滅の恐れあり」などと判断されかねませんから普通の人は従います。そして事情聴取されます。

――検察から連絡が来て、呼び出されて、事情聴取。ここまででも相当なプレッシャーです。そこから先はどうなります？

多田　検察の事情聴取で終わりです。

――え…。そこから先は何も起きない？

多田　労働基準法違反では、よほどの特殊事情がない限り、書類送検されても個人は不起訴処分になります。

――不起訴ということはお咎めなし？

多田　使用者が従業員に強制した残業の結果、重大な事故や死亡者が発生した場合は、起訴の可能性もありますが、普通は不起訴です。前科も付かず、戸籍に傷が付くようなこともありません。とはいえ、芸能人などの場合は、最終的に不起訴になっても、「書類送検された」と報道された時点で、イメージダウンなどのダメージを負うケースが多いと思います。

――でも一般人の場合は、そこまでの影響はありませんよね。子供の受験に影響もなければ、クレジットカードが作れなくなることも、一部の国に入国できなくなることも、住宅ローンが組めなくなることも、奥さんがママ友の間で窮地に立たされることも、ない？

多田　ありません。不起訴ですから。法人には罰金刑が課されますし、大企業の場合、報道で法人としての信用力が低下したり、ブラック企業との噂が立つかもしれません。でも、書類送検された本人に、重大なダメージはないです。

――昨日と同じ今日、今日と同じ明日が続いていく、と。でも、さすがに出世の道は閉ざされますよね。

多田　どうでしょうか。飲酒運転とか刑事犯罪では出世が難しくなると思います。でも残業事案は別ではないでしょうか。あくまで不起訴ですから、「確かに書類送検されたが不起訴だった。これは検察が無実と証明したのと同じである」という理屈で、そうした人物を重用する企業があったとしても、不思議ではないとは思います。付け加えると「不起訴だから無実」という考え方は本当は正しくありません。同じ不起訴でも、「無実」と証明されて不起訴になる場合もあれば、「グレーだけど起訴には及ばない」と判断されて不起訴になる場合もありますから。

これから先は起訴、有罪の可能性も

――言い方は乱暴ですが、何だか部下の残業で書類送検されても大したことない気がするんですが。

多田　そういう言い方もできるかもしれません。不起訴になれば書類送検された記録も残りません。正確に言えば検察に履歴は残りますが、一般人がそれを閲覧することはできません。

――そうなんですか。

多田　でも、これからは変わってくるかもしれません。確かに、これまでは労働基準法違反で書類送検されても個人は不起訴になるのが普通でした。でも、こんなに世の中で「違法な残業は許さない」という機運が盛り上がってくると、悪質な事案は起訴される事例が出てきてもおかしくありません。起訴されて有罪になれば、労働基準法の罰則には懲役刑まで明記されています。

ただ、違法な残業を根絶するには、今は労基署のマンパワーが足りません。少ないマンパワーで社会全体の残業を抑制するには、ある程度、「狙い撃ち」が必要になります。その意味で、これからは、社会的影響力の大きい企業と使用者を、〝見せしめ〟的に書類送検する事例が増える可能性があります。厚生労働省もこれだけ残業問題がクローズアップされてきている以上、今まで以上に力を入れてくると思います。そうなれば少なくとも現在の状況は変わってくる可能性があります。

昭和の時代、上司の役割は、部下を鼓舞し〝なるべくたくさん働かせること〟でした。しかし今は、たくさん働かせてしまうと、最悪の場合、書類送検されかねない時代になりました。きっかけは働き方改革です。

大手広告代理店の新入社員の自殺を機に、2015年の「過重労働撲滅特別対策班（通称かとく）」の設置などの政府の働きかけに応じる形で、産業界全体で働き方改革が加速。それによって、社員を悩ます理不尽な〝残業強要上司〟だけが追い詰められるのであればよいのですが、問題は「普通の上司」まで窮地に立たされかねない点にあります。

多くの上司は自分の意思というより、上から指示されるノルマをクリアすべく仕方なく部下に残業をさせています。しかし、インタビューにある通り、現実に過剰残業の事案が発生した際、矢面に立たされるのは大本の指示を出したトップではなく、直属の上司や現場の長になります。

今のところ、労働基準法違反では、よほどの事がない限り、送検されても個人は不起訴処分になるとはいえ、普通の人にとっては「検察の厄介になる」のはやはり大きな衝撃です。書類送検されたという過去自体を気にして、それこそ同窓会から足が遠のく人がいても不思議ではありません。

上司を蝕む部下の「便乗時短」

そうならないためには、上司は何が何でも部下の残業時間を減らさなければなりません。しかし、ＩＴ化や仕事のプロセスの見直しといった効率化を十分に進めずにそれをやると、部下がやり切れなかった膨大な仕事を上司が引き受けることになり、自分で自分の首を絞める結果になります。最近は企業によっては、そんな「からくり」に気づいた部下たちが意図的に仕事を上司に押し付ける現象も起きています。「便乗時短」です。

便乗時短とは、働き方改革に乗じ、必要な仕事まで減らしたり、上司に丸投げしたりすることです。例えばこんな話があります。

東日本に本社を置くあるＥＣ（電子商取引）企業は数年前より、一部の特定部署に在宅勤務制度を導入しています。「育児や介護など家庭の事情や、体調不良などで出勤が難しい場合、当日の朝に連絡を入れれば自宅で作業できる」という仕組みで、ある若手社員は頻繁にこの制度を活用していました。

彼の主力業務は、ウェブサイトに届く顧客からの商品に関する問い合わせにメールで答えること。資料さえあれば家でもできる仕事で、実際、最初の1年は自宅勤務でも1時間当たりの返信率は、オフィスで勤務している時と変わりませんでした。ところが2年目以降、返信率はそれまでの90％、80％と下落。特に彼にだけ顧客から無理難題が届いているわけでもなく、会社は徐々に、彼が意識的に手を抜いているのではないかと疑い始めました。

「在宅勤務を導入するには必須の仕組み」とＩＴベンダーに言われて導入した遠隔管理システムを見る限りでは、彼は仕事をしているはずでした。「セッションタイムアウト」という仕組みを活用し、「社員の端末が社内基幹システムに本当に接続しているか」や、「実際にＰＣを動かしているか」がリアルタイムで分かるもので、ＰＣの稼働の有無はマウスの動きでチェックしていたといいます。

結局、会社が問いただして出た結果はクロ。彼は仕事をほとんどせず、マウスを5分置きに動かし、働いているように偽装していたのです。最後はそれも面倒くさくなり、マウスでなくトラックボールをつなぎ、数分おきにボールをくるくる回していたそうです。

働き方改革で毎日が「避難訓練」

こうした在宅勤務制度の悪用と並び、典型的な便乗時短といえるのが終業時間切り上げです。西日本にある老舗専門商社では今、終業時間である午後6時が近づくと、社内はにわかに活気に包まれます。

「まだ帰り支度はできないのか」「そんな仕事、明日、明日」「新人はさっさと、エレベーターホールに行って部署用に1基押さえておけ。これはチームプレーだ」……。この奇妙なささやき合いは、数年前から導入された働き方改革の柱「終業時にオフィスを無人にする」をクリアするために欠かせない準備です。

新しいルールの働き方改革の発案者は社長ですが、いつしか社員によって「1階の社員通用口の退出記録が午後6時を超えると、定時厳守とは言えない」などという独自ルールも作られ、終業時間前は、一部の社員がタイムカード前に列をなし、さながら避難訓練のようになってしまいました。

西日本に本社を置くあるメーカーの現場でも、昨年から始めた働き方改革によって、とんでもない制度が生まれてしまっています。改革の柱は午後5時45分の定時の原則退社だったのですが、これに間に合わせようと、午後4時すぎになると、経理や出荷部門から「今日やるべき仕事があるなら提出してほしい」との通達が来るのです。「営業部門からはラストオーダー制と呼ばれ、あきれられている」と社員は話します。

ここまで紹介した3社のように社員が〝便乗時短〟している会社で、業績に影響が出ていない場合があるとすれば、その理由はおそらく1つしかありません。早く家路につく部下の仕事を上司が背負い込み、いわゆる「ワンオペ管理職」として残業を申告せずに働くことで、全体の労働時間を引き下げているのです。

このように、平成の30年間で生じた労働環境の変化によって、「他人の上司」になることのリスクは一気に上昇し、その責任範囲も大きく拡大しました。しかし、昭和の時代に比べて出世が難しくなった理由は、それだけではありません。「上司に必要とされる能力」自体も大きく変わりました。そして、これこそが、実際に「同窓会に行けない症候群」にかかっている人々や企業経営の専門家への取材を通じて判明した、多くの会社員の出世を困難にさせた（＝自信をなくさせた＝同窓会に行けなくした）最大の原因と思われます。

昭和の時代は「出世」＝「ドラクエのレベル上げ」

会社に入ってリーダーとなっていくには、仕事人としてのレベルアップが欠かせません。もっとも、昭和の時代に必要とされたレベルアップは、誤解を恐れずに言えば、シリーズ累計7600万本以上という国民的ヒットになったゲームソフト『ドラゴンクエスト』の〝レベル上げ〟のようなものでした。

冒険しながら世界に闇をもたらす悪の魔王を倒す、というのがドラクエの基本コンセプトですが、強い敵を倒すにはキャラクターのレベルを上げねばなりません。そのためには、相次ぎ出現するモンスターを倒し、経験値とゴールドを手に入れることが必要です。経験値が増えれば戦闘能力が上がり、ゴールドが貯まればより強力な武器や防具が手に入ります。

ただし、このゲームの大きな特徴は、途中で強いモンスターに倒されても、ゲームオーバーとはならず、経験値やアイテムはそのままの状態で再スタートできることでした（ゴールドは半分になります）。このため、ゲームが苦手な人でも何回も諦めずにプレイし、ひたすらモンスターを倒し続けていれば、そのうちレベルが上がり、多くの人は目的を達成できたのです（特定の敵を倒すためのキーアイテムを見つけるなど一定の謎解き能力は必要）。

不器用でも真面目にこつこつとやれば、レベルが上がる——。これが昭和の時代の出世のルールだったとすれば、平成の時代の出世はどう変わったのでしょうか。それを知るには、昭和から平成にかけて起こった「企業における仕事の本質の根本的変化」を展望する必要があります。それを一言で言えば、次のようになります。

「マックジョブ」が減り、「クリエーティブジョブ」が増えた——。

マックジョブとは文字通り、「マクドナルドのような仕事」を指す造語で、米国などでは「低賃金で必要な技術レベルが低く将来性のない仕事」というネガティブな意味で使われています。1986年8月に米ワシントン・ポスト紙が見出しとして起用したのが始まりです。93年に米社会学者ジョージ・リッツア氏がマックジョブの増加に警鐘を鳴らす著書『マクドナルド化する社会』を出版すると米国社会全体に普及し、辞書に掲載されるほど広く知られるようになりました。

誰にでも成果を出せた95%の「マックジョブ」

自社の名前を使った不名誉な造語に米マクドナルド社は反発し、各出版社に削除を要請する事態にまで発展していますが、本書では、マクドナルドの業務内容とは一切関係なく、あくまで一般用語としてマックジョブを「答えを導くための方法論が分かっている、多くの人ができる定型的な仕事」と定義します。

そう考えると、小売業や製造業などだけでなく、どんな業態でも〝マックジョブ的仕事〟は含まれると言えます。それどころか、昭和の時代は、大抵の仕事は定型的な作業が中心でした。

「そんなことはない。昭和の時代にもクリエーティブな仕事はたくさんあった」と思われるかもしれません。しかし、実際に当時の会社生活を知るベテラン社員たちに話を聞くと、例えば家電の開発で言えば、2000年ごろまでは「よりハイスペックな製品をより低コストで作る」という正解に近い答えがあり、その方法論も「冷蔵庫であれば容量が大きく消費電力が小さいもの、洗濯機なら洗濯時間が短いもの」と明確でした。もちろん容量を大きくし省電力化する上で試行錯誤は必要ですが、〝世の中にないもの〟を作る創造性を強く要求されていたわけではありません。

いかにもクリエーティブに見える、例えばデザイナーなどの仕事も一昔前までは、デザイン工学や色彩学で決まっている「人目を引くデザインのパターン」を根気よく組み合わせていくのが仕事の中心だったそうです。家電同様、創造性を発揮してこの世にないデザインを描けと求められているわけではなかったのです。

企業社会が始まって以来、人事や総務、経理などだけでなく現業部門も含めた会社の仕事は実は、一定の知識と管理能力、経験を持つ人材なら〝誰でもできる〟マックジョブ的業務――。

そのことをはっきり示したのが米グーグルのシニアバイスプレジデントだったダイアン・グリーン氏で、ホワイトカラーの仕事のうち創造的な業務に割かれている時間は以前から全体の5％（＝95％はマックジョブ）だった、と指摘しています（2017年6月14日、都内での講演）。

マックジョブは（努力さえすれば）多くの人ができる定型的な仕事ですから、真面目にこつこつとやれば、誰もがいつかは実績を積み上げ、成果を上げ、後輩を率いる立場になることが可能です。マックジョブ中心の環境では、出世はドラクエのレベル上げと同じ作業となる、という意味が伝わったでしょうか。

「クリエーティブジョブ」は努力より才能

しかし、そんな状況は平成に入り、変わりました。とりわけこの10年は、少なくとも大企業では、仕事の大半を占めていた定型的業務はＩＴ化やＡＩ（人工知能）の出現、市場環境の変化などによって急減し、社員は〝本当に創造性の高い業務〟ばかり要求されるようになりつつあります。

家電の開発現場における最重要課題が「既存製品の性能向上」から「〝世の中にないもの〟の創造」に切り替わったことは言わずもがな。デザイナーの世界でも、人がやっていた「人目を引くデザインのパターン」は現在ではＡＩが瞬時に見つけ出してしまいます。これからのデザイナーに求められるのは、ＡＩが作る無数の候補から真に優れたものを直感で見極めることです。いずれも何が正解なのか答えはなく、答えにたどり着くための方法論もありません。

そして残念なことに、専門家に言わせると、そんな〝クリエーティブジョブ〟を遂行する上では、マックジョブに取り組む上で威力を発揮した知識や管理能力、経験はほぼ無力、となってしまいます。重要なのは、無から有を生み出す感性でありセンスだというのです。

「あらゆる能力は、経験を積むにつれ遺伝による差が生まれる。クリエーティブな才能はほとんどが潜在的な素質によって決まる」。一卵性双生児と二卵性双生児を比較し、遺伝が性格や才能に与える影響を分析する「行動遺伝学」の第一人者、慶応義塾大学の安藤寿康教授はこう話します。例えばＩＱ（知能指数）は成人期初期で65％ほどが遺伝で決まるそうですが、執筆や音楽といった創造的能力は80％以上が生まれ持った資質で規定されてしまうというのです。

つまり、行動遺伝学の知見では、人間は遺伝により生まれながらにして「クリエーティブジョブ向き人材」と「そうでない人材」に分かれることになります。2種類の人材のどちらがこの世の中に多いか、もはや説明する必要はないでしょう。

いよいよ本章の結論に近づいてきました。企業における上司やリーダーのリスクが上昇し、責任も拡大し、さらに求められる能力まで大きく変わり、今は誰もが出世できる時代ではなくなりました（たとえ出世を「小さなプロジェクトでもいいのでチームを率い、プライドと責任を持って仕事をする立場になること」と広義に解釈しても事情は変わりません）。

とはいえ、事業を進める以上、企業に上司やリーダーは不可欠です。ではどうするか。年功序列を打ち壊し、「できる人材」をどんどん上司にするしかありません。こうして誕生したのが「年下上司」です。

「上司は年下」と同窓会で言えるか？

上司は年上、部下は年下――。日本人にとって当たり前だったそんな常識が覆ると言われ始めたのは１９９０年代後半、成果主義の導入が始まってからです。戦後、定着した年功序列文化は日本企業に深く浸透しており、当初の十数年は、上司と部下の年次逆転は一部の企業に限られていました。が、２０１０年ごろから「65歳までの定年延長」と「役職定年制」を打ち出す企業が増加し、多くの会社で、定年延長者を部下に抱える年下上司が出現しました。

年次が下の者が上の者を指揮する光景があちこちで見られるようになると、せきを切ったように状況は変化し、ここ数年は、若返りを図りたい企業の意向もあって、定年延長者のみならず40～50代の社員を部下に持つ年下上司も珍しくなくなりました。人材採用会社、エン・ジャパンが16年に35〜59歳までのビジネスパーソン約300人を対象に実施した調査では66%、3人に2人が年下上司の下で働いた経験があると回答しています。

「より能力がある者が現場を率いた方が成果は上がる」と考えるなら、年功序列の崩壊は企業にとっては福音です。また、実際に「上司が年下」となった人の中からは「社内調整や部下の評価をすることに興味を持てないし、だったら専門スキルに磨きをかけたい。そのためには上司が年下であることは特に気にならない」という声もあります。

ただ、こと本書のテーマである「同窓会への出席」になると話は変わってきます。若い時期ならともかく、「会社生活の結果」が見えてくる年齢での同窓会ともなれば、ポストや収入、生活水準などで旧友との差も目の当たりにせざるを得ません。そんな中で「上司が年下」という事実は、人によっては同窓会参加への心理的障害の1つになりかねません。

そして最近は企業内での年次逆転がますます起きやすくなる状況が日本全体で生まれています。M&A（合併・買収）の増加です。

日本でも一般化してきたM&A。ある調査によると、日本企業のM&A件数は1993年の約400件から増加傾向に拍車がかかっています。2006年の2775件をピークにいったん減少するも11年以降は再び上昇に転じ、18年は過去最高の3850件を記録しました。これ以外に中小企業同士のM&Aなど未公表の案件も多くあり、中小企業庁はそんな小規模M&A

の件数が12年に比べて17年は3倍超になったと試算しています。

背景にあるのは、後継者不足、国内市場の縮小、人手不足です。いずれも今後一段と深刻化する日本の構造的な問題ばかりで、2025年には日本企業の3分の1に当たる127万社が後継者難に直面するとの予測もあります（中小企業庁調べ）。

会社員であれば今や誰もが無関係ではいられないM&Aですが、とりわけ、自分の会社が外資系企業などに買われてしまうとほぼ間違いなく起きる現象があります。それは実力主義の加速です。

〝シャープの中の人〟はどうなったのか

例えば、大阪府堺市の最先端液晶工場への4000億円超に上る巨額投資などが裏目に出て、2010年代初頭に経営危機に陥ったシャープ。その迷走劇は紆余曲折を経ながら16年4月、台湾の鴻海精密工業の傘下に入ることで決着しました。それを機に業績自体は復調。17年3月期に債務超過を解消し、同年12月には東証1部に復帰しました。

しかし、M&Aによって会社がV字回復を遂げた一方で、業績不振から売却騒動、そして今に至るまで、シャープの社員たちがどんな体験をしてきたのかについてはあまり知られていません。〝シャープの中の人〟はどうなったのでしょう。

多くの社員たちが「会社が売られるかもしれない」と感じ始めたのは、12年3月期に液晶の在庫処分と工場の稼働率低下などで巨額赤字を計上し、鴻海や韓国サムスン電子などとの資本提携交渉が表面化したころだそうです。その予感は15年3月期に再び巨額損失を出したことで現実味を帯びましたが、その頃までは、社内には「売却された方が会社は良くなる」との声もあったといいます。

「構造改革は進まず、昔の成功体験ばかり話す幹部が増えて、若手の意見が潰されていた。外資の傘下になればガラッと環境が変わるのではないかという意見だった」。当時、シャープで課長職に身を置いていた元社員はこう振り返ります。

ところが実際に16年夏、鴻海の郭台銘会長の命を受けた戴正呉氏が社長として送り込まれて「鴻海流改革」が始まると、期待以上に戸惑いが社内に広がったといいます。関係者が感じた、鴻海流改革によってシャープ社内で起きた一番の変化は、かつてないハードワークでした。

最短2年での黒字化を目標に、17年3月期からの2期で構造改革とシナジーを合わせ計約2200億円のコスト改善を果たしたシャープでしたが、管理職の一部は連日午後10時ごろまで働き、週末も仕事せざるを得なかったそうです。「金曜日に連絡が来て、月曜日の報告を要求されることもざらだった」と話すのは18年にシャープを辞めた元課長。劇的な業績回復には、理由があるのです。

鴻海に限らず、トップクラスのグローバル企業は徹底した実力主義で、もはや年功序列という概念自体がありません。外資系企業によるM&Aが増えれば増えるほど「年下上司」を持つ人も増えていくことでしょう。

こうしてようやく本章の結論にたどり着きました。

「仕事の方はどう？　パワハラに働き方改革、セクハラ…、最近は部下の面倒を見るのが本当大変だよな！」

「……（俺がその部下なんだけど…）」

「同窓会に行けない症候群」の原因として考えられる第一の仮説は「会社で出世しなかったから」で、その背景には、「企業における出世の難度上昇」がある、です。

自由研究

クラスの誰が同窓会に来ないのか

「同窓会に行けない症候群」の第一の理由として「出世しなかったから」という仮説を検証してきました。仮にこれが的を射ていたとして、「会社でのポストや収入が、自分が目指してきた理想に届かなかったから」という理由で旧友との再会を拒んでいるのは、懐かしのクラスの誰なのでしょうか。

懐かしのクラスメートを4分割すると…

勉強がどのくらいできるか、活発かおとなしいか、体育は得意か苦手か……。学校のクラスメートを分類するには様々な方法があるはずですが、本書では、次の2つの軸で4つに分割してみます。

①スペシャリスト（特別な才能・環境を持つ人）か、ゼネラリスト（いわゆる普通の人）か
②グローバル志向（非地元志向）か、ローカル志向（地元志向）か

スペシャリストとゼネラリストの違いは、抜きん出た個性あるいは他の人にはない生まれ持っての環境（富豪の御曹司など）があるかないか、です。

グローバル志向（非地元志向）とは、小中学生の頃から大人になれば地元を出たい（上京したい）と考え、都会の大学に進学し、そのまま東京の大学に就職し、今も都心で暮らす――そん

A 非地元・特別 （グローバル×スペシャリスト）	B 地元・特別 （ローカル×スペシャリスト）
C 非地元・普通 （グローバル×ゼネラリスト）	D 地元・普通 （ローカル×ゼネラリスト）

なタイプのことを指します。ローカル志向（地元志向）は逆に、大人になっても自分の生まれた町で暮らすタイプです（本当は地元を出たかったけど、都会の大学に通う「学力」や家庭の「経済力」など条件が整わなかった人もここに入ります）。

こう書くと、「グローバル志向（非地元志向）＝地方からの上京組」と思われるかもしれませんが、都心部出身者でも自分の生まれ育った町以外（たとえ隣町でも）で暮らす人はあまねくこのタイプと定義します。

そうするとクラスメートは上の四象限のどこかに当てはまることになります。

当たり前のことですが、世の中の大半は普通の人ですからボリュームゾーンは「C：非地元・普通」「D：地元・普通」となります。なので実際のイメージは左ページの上の図のような感じになります。

さて、結論から言いますと、この中で、「出世しなかったから」という理由で同窓会を欠席するのは、おそらく「C：非地元・普通タイプ」です。なぜなら、平成の30年間で起きた「企業における出世の難

A 非地元・特別	B 地元・特別
☺☺	☺☺
C 非地元・普通	**D 地元・普通**
☺☺☺☺☺☺☺☺☺☺☺☺☺☺☺☺☺☺	☺☺☺☺☺☺☺☺☺☺☺☺☺☺☺☺☺

度上昇」のダメージを最も受けたのは彼らだと考えられるからです。

大学・社会人デビューで地元凱旋できた時代

すこぶる快活で人を引き寄せる特別な魅力があるわけでもなく、体育の時間にヒーローになれるような抜群の運動神経があるわけでもない――。そんな〝普通のおとなしい子〟（私も読者の皆様も大抵の人はここに該当すると思われますが）は、かなりの確率で、「大人（大学生）になったら地元を出たい」と考えるようになり、そのための条件（都会の大学に通う学力や家庭の経済力など）が揃っている子はそれを実行しようとします。理由は簡単で、「地元にいても今以上には輝けない（と思う）」からです。

「そんなことは人それぞれのはず。決め付けはよくない」と言う方がいるかもしれませんが、「普通の目立たない子が、地元を出て〝大学デビュー〟〝社会人デビュー〟を通じて、自分がより輝ける場所を探そうとする行動」は、いわゆる進化心理学とも整合的です。

生物は自分の子孫を数多く残すことを最優先に行動する。そのためには集団の中で目立つことが必要で、子供も自分が所属する集団の中で目立とうとする――。例えば、そんな考え方ですが、こうした観点に立てば〝普通のおとなしい子〟は自分の欲求を十分に満たせぬまま、幼少時代を過ごすことになります。彼らが、生き物の本能として、目立つことができない地元を出て都会で輝こうと考えても一向に不思議はないはずです。

昭和の時代、そんな小中学校時代に目立たなかった「C：非地元・普通タイプ」に、〝一発逆転〟〝凱旋帰国〟のチャンスを提供したのが「都会の会社での立身出世」でした。田舎を出て大都会の会社に入り、会社で上のポジションに就く。それは、企業社会の日本において、人によっては、「小中学校時代、ぱっとしなかったこと」など吹き飛ばす、社会人としての自信の源（堂々と同窓会に参加するためのパワー）になり得たのです。スクールカーストでかつて下位の階層にいようと、容姿が大きく変わろうと、昭和の時代に多くの人が同窓会に参加できた要因はこの「逆転装置」があったから――これが本書の見立てです。

今は、その肝心の出世がなかなかできないというのですから、当然、こうはなりません。それどころか、地方などでは、「わざわざ東京の大学に行って有名な会社に入ったのに……」と思われるのが嫌で、同窓会への足が遠ざかる人もいるはずです。

Cタイプは、かつては同窓会に「出席」、今は「欠席」となります。

いずれにしろ「行けない」A、出欠を保留するD

さて、せっかくですから四象限のほかのタイプについても考察してみましょう。

まず「A：非地元・特別」。超一流企業のエリート社員、才能ある起業家・経営者、トップアスリート、著名芸術家、先端分野の研究者……。その形は様々ですが、特別な才能や環境を持った彼らは社会的に成功している可能性も当然高く、同窓会の参加を拒む要素はありません。ただし、こういうタイプは猛烈に忙しいため、欠席する可能性も高いと言えます。

ここでは便宜上、Aタイプは、昔も今も「欠席」とします。

次に「B：地元・特別」。地元有力企業の敏腕後継者などが該当します。C同様、「同窓会に行けない症候群」にかかる可能性は低い上、Aと異なりこちらは「地元の顔役」ですから、多少忙しくても同窓会には出席します。おそらく幹事的ポジションになるでしょう。

Bタイプは、今も昔も「出席」です。

最後に、「D：地元・普通タイプ」。平成の30年間で起きた「企業内での出世の難度上昇」は全国的に起きていますから、地元企業に就職したDタイプも、Cタイプ同様、かつてに比べれば同窓会に積極的に参加する意欲が薄れている恐れはあります。

ただ、彼らは「地元で生きていく」という選択をした時点で、「都会の大企業で出世しグロー

昭和の時代の同窓会参加状況

A 不参加 ×	B 参加 ○
C 参加 ○	D 参加 ○

平成の時代の同窓会参加状況

A 不参加 ×	B 参加 ○
C 不参加 ×	D 保留 △

バルで活躍する」といった目標はほぼ諦めているため、Cタイプほど「出世しなかった自分」に失望していない可能性もあります。地元に残っている以上、旧友と普段から交流している人も多いでしょうから、同窓会にあっさり顔を出す人も多いかもしれません。同窓会参加への案内が来ればまずは保留し、会いたい人が来るようなら行くといったイメージでしょうか。

Dタイプは、かつて「出席」、今は「保留」となります。

この状況を図にすると上のようになります。

再び「国民的アニメ」で考える

では、ここで再び、国民的アニメ「ちびまる子ちゃん」の力を借りて、ここまでの議論をより分かりやすくしてみましょう。まる子が在籍した3年4組のメンバーを4タイプに分けたのが上の図です。

ちびまる子ちゃんのクラスの四象限

A 花輪君　野口さん 大野君　杉山君	**B** 該当者なし
C まる子　たまちゃん 永沢君　藤木君	**D** はまじ　ブー太郎 山田君　丸尾君

何しろファンの多い作品で異論もあるでしょうから、あらかじめ弁解しておきますと、これはあくまでこの国民的アニメの一視聴者である筆者の各キャラへの個人的印象をベースに作成したもので、キャラの公式設定とは何の関係もありません。

その上で解説しますと、まず、特別な才能（環境）を持つスペシャリストタイプは、地元の大富裕層の御曹司「花輪君」と、学業優秀で日頃の言動から異才としか思えない「野口さん」、そして学業優秀、運動神経・リーダーシップ抜群の「大野君」と「杉山君」の4人としました。

4人のうち、花輪グループは海外にも多くの拠点があるようで、語学力に長け海外習慣の勉強もしている花輪君の将来の活動拠点がグローバルなのは確実と思われます。野口さんも英語が堪能で地元に収まる器には思えず、やはり地元を出るでしょう。この2人はAタイプです。

大野君と杉山君は小学校時代は「船乗りになる」と話しており、そのままであれば、港湾都市である地元の船舶会社にでも

昭和の時代の同窓会参加状況

参加	まる子　たまちゃん　永沢君　藤木君（Cタイプ） はまじ　ブー太郎　山田君　丸尾君（Dタイプ）
不参加	花輪君　野口さん　大野君　杉山君（Aタイプ）
保留	なし

平成の時代の同窓会参加状況

参加	丸尾君　山田君（Dタイプだが特殊）
不参加	まる子　たまちゃん　永沢君　藤木君（Cタイプ） 花輪君　野口さん　大野君　杉山君（Aタイプ）
保留	はまじ　ブー太郎（Dタイプ）

就職し、Bタイプになる可能性がありました。しかし2人はその後、「宇宙に行く」ことに目標を変更し、大野君は物理学者、杉山君はパイロットになったため、Aタイプです。

「丸尾君」「山田君」が参加濃厚の理由

残りの人々ですが、「まる子」「たまちゃん」「永沢君」「藤木君」の4人は、作品の中では「主役」「準主役」級ですが、クラスの中では、勉強や運動がずば抜けてできるわけではない「普通」のポジションにあると判断し、自分の輝ける場所を探し地元を出るCタイプとしました（まる子のモデルであるさくらももこ氏が国民的作家になることはここでは考慮しません）。

「はまじ」「ブー太郎」「山田君」もまる子たちと同様、「普通」なのですが、仮に地元の外に出ようとしても、大変失礼ながら、学力面などでその条件が整わない可能性を考慮し、Ｄタイプとしました。難しいのは学級委員長の「丸尾君」。学業面だけ見ればスペシャリストなのですが、体育と音楽に大きな弱点を抱えており、「普通」にしています。また、丸尾君の場合、体育と音楽以外はオール５なので地元を飛び出しグローバルに活躍する力はあると思われますが、作中で両親との同居を宣言しているため、地元に残ると判断しました。よってＤタイプです。

以上の議論を踏まえ、３年４組のクラスメートたちの同窓会への参加状況を図式化すると右ページの上のような感じになります。

丸尾君と山田君がＤタイプなのに参加濃厚なのは、丸尾君は幹事を買って出ると考えられ、一方、山田君はその天真爛漫な性格ゆえに、ここまで考察してきた一連の同窓会参加への心理的障害を何も気にしない可能性が高いと判断してのことです。また、同窓会不参加メンバーも昔の仲間と連絡を絶っているわけではなく、おそらくまる子はたまちゃんと、はまじはブー太郎と〝錦糸町スタイル〟の小規模同窓会を定期的に開催していることでしょう。

第一章

同窓会に行けない事情②

起業して失敗した

「同窓会に行けない症候群」が広がるのは自信を持てない大人が増えたからではないか、との仮説に立ち、その背景として「企業における出世の難度上昇」を分析してきました。とはいえ、世の中には会社員以外の人もたくさんいます。例えば、自営業者の方です。

平成の時代は、第一章で見たような既存企業の労働環境の激変（悪化）に嫌気がさし、入社した会社を早々に退職し、起業する人も増えました。また親の家業を継いで自営業者となった人もいるでしょうから、クラスの中でも「自営組」は「会社員組」ほどではないにせよ、一定の比率を占めると思われます。

各種統計によると、日本には現在6000万人を超える就業者、200万人弱の失業者、約550万人の専業主婦がいて、就業者の約1割が自営業者と言われています。クラスメートが30人いたら2～3人は自営していてもおかしくない計算です。彼らは同窓会に行っているのでしょうか。

同窓会に行く自信を得るために一定の社会的成功が必要だとすれば、当然、そのための方法は「既存企業で出世すること」に限りません。「事業を起こして自立すること」も有力な方法です。ですから、結論から言いますと、起業して成功していれば、同窓会を敬遠する理由はありません。つまり、

「今の日本で、自信を持って人生を歩む（同窓会に堂々と参加する）ための方法の1つ」＝「起業

して立派に自立すること」となるのではないでしょうか。事業をしている人にとっては、同窓会の人脈が思わぬ事業拡大につながる可能性もありますから、参加意欲は会社員より高いかもしれません。

ただ問題は企業内での出世同様、市場が成熟を続ける今の時代の起業もまた、難度が高い点にあります。

特に親からの事業承継以外の〝裸一貫での起業〟は、昔と変わらず簡単なものではありません（事業承継も大変ですが、純然たる起業は「さらに厳しい」という意味です）。世のマスメディアは既存企業の倒産や起業家の成功譚は報道しますが、市井の人が人知れず起業に失敗した話はほとんど報じません。話が地味な上、内容が想像以上に悲惨だからです。まずは、そんな普通の人の「起業、失敗の後」を見ていきましょう。

独立失敗、西成で迎える30年目の春

新大阪駅から地下鉄御堂筋線で20分、大阪市西成区に暮らす67歳の後藤宏氏（仮名）は、約30年前に自己破産した元社長です。現在は生活保護の月10万円で生活していて、家賃1万5000円の4畳半に暮らしています。アルコールに依存した生活から抜け出せず、生活費のほとんど

が酒に消えているそうです。

後藤氏は土木工事業者として1982年に30歳で起業しました。もともと公共工事を請け負う企業に勤めていたのですが、バブル景気に向けて日本が活気づく中、「これだけ仕事があるなら、自分で会社を起こしても受注を確保できる」と考えるようになったといいます。取引先だった元請け業者の社長に打ち明けたところ、「君が会社を起こしたら、うちの仕事を頼む」と良い返事をもらっていたことにも背中を押されました。

ところが、従業員集めに問題がありました。高校に進学せず長年1つの会社で働いていた後藤氏には人材確保のあてがありません。そこで以前の職場から社員を引き抜いたのです。

これに激怒したのが元の勤務先の社長です。以来、会社のクルマがパンクさせられたり、窓ガラスを割られたりするなど、嫌がらせが相次ぎました。応援してくれるはずだった元請け業者の社長も手のひらを返したように仕事を発注してくれません。その上、以前の勤務先は仕返しとばかりに高待遇で社員を引き抜き返してきました。

こうした結果、人件費や家賃などの固定費の支払いすらままならなくなり、会社は数年で倒産。後藤氏は自己破産してしまいます。

しかし本当の苦難はここからでした。

自己破産した経営者の再起の道は狭く、再就職先を探すしかありませんでした。とはいえ、当時は今ほど人材の流動化が進んでおらず、起業経験者は「扱いづらい」という理由で再就職が困難なことも多く、新しい職場はなかなか見つかりません。

結局、日雇いの仕事で生活費を稼ぐ日々が続き、時間ばかりが過ぎていきました。ストレスから酒に逃げることも増え、日雇いの仕事も40代半ばを過ぎると徐々になくなったそうです。収入が途絶え、生活保護を受けることを決めてもう何年も経ちます。

「寿命が尽きるのを待つだけの日々は苦しい」。後藤氏はこう話します。同窓会に参加しているかは、あえて聞くまでもないでしょう。

ひとたび失敗すれば同窓会どころではない現実

開業率の高さは、その国で健全な競争と新陳代謝が起きている証しとされていて、政府は「日本再興戦略２０１６」で「開業率が廃業率を上回る状態にし、米国・英国レベルの10％台を目指す」との目標を掲げ、人々の起業を後押しする様々な環境整備をしています。

しかしながら、日本の開業率は上昇傾向にはあるものの、直近でも5％台で推移。「起業に無関心な人の割合」も77・3％と、米国（22・9％）や英国（36％）を大きく上回ります（12年）。その理由の1つとして国際的にも指摘されているのが、国民の間に「起業で失敗することへの恐怖感」が強いことです。

なぜ日本人は、起業が怖いのか。それは失敗すれば、同窓会どころでない厳しい未来が待ち受けることがあるからです。

1990年代、過激な試合形式で人気を博したFMWというプロレス団体がありました。FMWと聞くと、プロレスラーの大仁田厚氏が立ち上げた団体を思い浮かべる人もいるかもしれませんが、これからお話しするのは、1994年の同氏の引退後、団体運営を引き継ぐ形で新たに立ち上げられた同名の団体のことです（参考文献：荒井昌一著『倒産！FMW カリスマ・インディー・プロレスはこうして潰滅した』徳間書店）。

当時、新日本プロレスと全日本プロレスの2大メジャー団体が席巻していた日本のプロレス界において、第三極として存在感を見せていたFMWでしたが、2002年2月に億単位の負債を抱えて倒産してしまいました。当時社長だった荒井昌一氏はあらゆる手を講じて倒産を防ごうとしましたが力及びませんでした。

もともとプロレスは、人気があれば高い利益を見込めますが、チケットが売れなければたちまち赤字に陥りかねないハイリスクハイリターンのビジネスです。FMWの場合、例えば東京・後楽園ホールで自主興行を打つと、平日の会場費が80万円、その他の費用が70万円で合計150万円をまず拠出する必要があります。チケットが売れて満員の1800人を動員できれば600万円の売り上げとなり、差し引き450万円の粗利が得られたそうです。

が、それは満員になればの話で、ひとたび人気が落ち出すと、利益率は急速に低下し、資金繰りは一気に悪化していきます。また、会場使用料はほとんどが前払いだったそうですから、現金が枯渇すれば興行自体がままならなくなります。こうしてFMWの借金は少しずつ増え、正規の金融機関からの融資が滞る中、荒井氏はやがて個人の貯金を切り崩し、個人名義で消費者金融、そして街金業者への借り入れを重ねていきます。選手やリングアナウンサーなど関係者の生活をおもんばかるあまり、そして自身が大のプロレスファンだったためでした。

リアル「闇金ウシジマくん」の世界

一般的な金融業者からの借り入れだけでやりくりできなくなると、様々な裏の資金調達も活用しました。例えば、借金の返済日なのに手元に現金がない場合の方法として、クレジットカードで新幹線チケットを大量買いし、現金化するやり方がありました。10万円分のチケットを購入し、チケット業者に持ち込めば約8万円で買い取ってもらえたそうで（当時）、この8万円を返済に充てるのです。

もちろんいずれはクレジットカードの口座から10万円が引き落とされますから、この行為は

「8万円を借りて10万円を返す」という金融取引です。

金融業者からの指示で70万円のロレックスの腕時計をやはりローンで買い、すぐ質に流し40万円の現金を手にしたこともあったといいます。これも言い直せば「40万円借りて70万円を返す取引」ですから、ローンの支払い期限や返済回数によっては、10日で5割（トゴ）を標榜する漫画『闇金ウシジマくん』（小学館）の世界に出てきても不思議ではない水準です。

結局、荒井氏は預貯金のすべてと家を失い、さらに多額の負債を背負ってしまい、家庭も破綻することになってしまいました。

「起業失敗の最悪のケース」ばかりを集めていると思われるかもしれませんが、必ずしもそうは言い切れません。

2018年の日本国内の自殺者は2万840人で、約7%は経営者と言われています。事業が行き詰まって、個人保証をして借りた事業資金が返せなくなり、とはいえ連帯保証人への迷惑を考え自己破産もできず、自らの命と引き換えに支払い原資を用立てる——。そんな人もいまだに大勢いるのです。

債務者の法的権利として認められている自己破産ですが、借金が返せなくなった際、それをせずに死を選ぶ人は、連帯保証人が付いている借金を抱えている場合が少なくありません。自己破産しても連帯保証人の返済義務は有効ですから、破産により本人が借金から解放されても、債権者が保証人の元に押し寄せ、保証人まで連鎖的に自己破産に追い込まれるケースもあるのです。

しかし、では命と引き換えに借金を返せば、少なくとも他人に迷惑をかけることはなくなるかと言えば、そうではありません。

ラッシュ時に電車を遅延させた人・親族の末路

鉄道事故裁判に詳しい弁護士の佐藤健宗氏に聞く

その劣悪さで世界最悪と言われる日本のラッシュアワー。ただでさえ高い通勤者のストレスを一段と高めるのが列車の遅延だ。信号の故障など鉄道会社に非があるケースがある一方で、喧嘩や飛び込み自殺など利用者が原因となって起きる遅延も少なくない。

人それぞれ事情があるのは事実。だが鉄道会社に対してはもちろん、何の落ち度もない多くの人々に迷惑をかける遅延行為が、決して褒められる行為ではないのもまた明らかだ。大事な商談や受験など重要な局面が台無しになり、人生を狂わされる人も出かねない。

そんな事態を防ぐ抑止効果になってきたと思われるのが、昔からネット上などでささやかれてきた「列車を大きく遅延させると、鉄道会社から億単位の莫大な賠償金が本人や遺族に請求される」という噂だ。あれは都市伝説なのか、それとも真実なのか。専門家に聞いた。

佐藤健宗（さとう・たけむね）
1958年兵庫県明石市生まれ。1978年京都大学法学部入学。1985年京都大学卒業。1989年弁護士登録（京都弁護士会、41期）。1994年兵庫県弁護士会に登録替え。佐藤健宗法律事務所を開設、現在に至る。これまで取り組んできた主な社会的事件に、信楽高原鉄道列車衝突事故（1991年）、JR西日本福知山線脱線事故（2005年）。

――結論からお聞きします。ラッシュ時にトラブルを起こして電車を大きく遅延させると、本人あるいは親族が鉄道会社から巨額の賠償金を請求される、というのは本当なんでしょうか。

佐藤　私も弁護士になって随分たちますが、10年ほど前までその答えを知りませんでした。都市伝説なのか真実なのか、皆さんと同じように疑問に思っていたんです。実情を知ったのは、1991年に発生した信楽高原鉄道列車衝突事故の遺族側の代理人となったことを機に、鉄道事故裁判という分野に本格的に関わるようになってからです。

連日起きる顧客トラブル、なぜ裁判がない？

――2005年のJR西日本福知山線脱線事故の遺族側の代理人も務められています。

佐藤　鉄道事故を扱うには、まずは鉄道事故訴訟の実情を知ることが必要だという話になって、ある時、大阪の裁判所に調査に行ったんです。裁判所に行けば、どんな訴状を受理したのかや、原告や被告、事件番号などが載った一覧表が見られるんですよ。それを見ていくと、少なくとも私が確認した一定期間、地元のJR西日本が原告になった裁判は一件もありませんでした。

――一件も？

佐藤　そう、これはとても不思議なことです。というのもJR西日本管内では少なくとも1週間に1度くらいは大きな遅延が起きているはずだからです。首都圏だったらほぼ毎日のように、遅延を伴う電車トラブルがありませんか。

――あると思います。

佐藤　それだけ様々な顧客トラブルが起きているにもかかわらず、関西圏で長期間、鉄道会社が原告になった裁判がないということは、鉄道会社は電車を遅延させた本人あるいは親族に対して裁判をほぼ起こしていない、ということだと私は解釈しています。私の知る限り、鉄道会社による裁判は、２０１６年に鉄道会社側の敗訴が確定した「ＪＲ東海認知症事故訴訟」のみです。

――愛知県で認知症男性が徘徊中に電車にはねられ死亡し、鉄道会社が家族に賠償請求した事件ですよね。

佐藤　後ほど触れますが、あの裁判は特殊な事例です。やはり原則として、鉄道会社は電車を遅延させた本人や遺族への裁判はやらない、とみていいと思います。

――となると、言い方に語弊があるかもしれませんが、ラッシュ時に電車を遅延させても、基本的には〝お咎めなし〟、と？

佐藤　いえ、そうではありません。例えば、飛び込み自殺によって大幅な遅延が生じた場合、鉄道会社は大抵、遺族に接触はしているはずです。具体的には、「今回の件でこれだけの損害が発生しました。どうしましょう」と遺族側へ打診する。

なぜそう言えるかと言えば、「親族が鉄道自殺し鉄道会社から話し合いたいと連絡が来たが、どうすればいいか」という相談が実際に私のところに来るからです。

鉄道事故の賠償金、億単位は本当か？

――賠償請求額はネットで言われているように億単位？

佐藤　それはケースバイケースでばらつきがありますが、結論から言うと私が知る事例は数百万円単位。仮に増えても1000万円単位ではないかと推察されます。鉄道事故の賠償金がどのように計算されるか考えてみると、まず、①車両の修理代があります。また、特急などの場合は②遅延による払い戻し代も発生します。さらに、③現場の清掃のためのコストが掛かります。④他の鉄道会社やバス会社に払う振替輸送代も必要です。このため、合計額がいくらになるかは、遅延させた時間がラッシュ時か、輸送量の少ない日中かでも違ってきます。

――先生が担当したケースでは、いくらくらいでしたか。

佐藤　例えば、昼に発生した鉄道事故で遺族から相談を受けたことがありますが、その時は、数百万円単位でした。さきほど挙げた賠償金の内訳に照らし合わせても妥当だと思われる額で、このケースでは遺族と相談した上で全額払いました。ただ、場所が首都圏で、ラッシュ時に生じた遅延で何十万人の足が止まった場合なら、損害額が1000万円単位になってもおかしくないとは思います。

——そうなった場合、賠償金を払える経済状況でない家庭はどうなるのでしょう。

佐藤　そういう家庭からの相談も受けたことがあります。その時は、相続放棄をお勧めしました。亡くなられた方が若い方でほとんど遺産がなかったからです。自殺に伴う鉄道会社の裁判は、電車遅延の原因を作った本人は亡くなっているので、相続人に対し、故人の遺産から賠償金を払うよう民事訴訟をすることになります。

——すべての相続人が相続放棄をしてしまえば、それで賠償請求に応じる義務はなくなります。

佐藤　裁判をやっても意味はありませんから、鉄道会社はここで諦めざるを得ません。相続放棄をすれば裁判所から受理証明書が出ますからそれを鉄道会社へ持っていって、すべて終了でした。

——となると、まず「ラッシュの時にトラブルを起こして電車を大きく遅延させると、本人あるいは親族が鉄道会社から億単位の巨額の賠償金を請求される」というのは都市伝説なんですね。

佐藤　億というのは滅多にないと思います。

――さらに多くの場合は、賠償請求の交渉は裁判に至る前に決着する、と。自殺の場合、交渉の段階で親族側は故人の遺産から払える額なら払えばいいし、払えなければ相続放棄をすればいい。いずれにせよ、遺族として、遺産以上の損害賠償責任を負うことはない、と。

佐藤　そういう理解でいいと思います。ただ、損害賠償の責任があることはしっかり頭に入れておいてほしいです。

鉄道会社が裁判を起こそうとしない理由

――故人の遺産から賠償金を払えるにもかかわらず支払いを拒否したり、相続放棄をしなかったりすれば、鉄道会社は訴えるしかなくなると思いますが。

佐藤　論理的にはそうですが、実際にはそこまで行かないでしょう。弁護士に相談すれば、まず間違いなく、遺族は相続放棄か示談を勧められます。そもそも、列車を遅延させる行為は、民法709条の不法行為に該当し、故意または過失によって第三者の権利や利益を侵害した時は、行為者はその損害を賠償する責任があると法律には定められています。それに人身事故は運転事故ではなく、鉄道会社の方には一切の非はないんです。

――鉄道会社に非がない以上、普通に訴訟になれば遺族は負ける。だから、弁護士も示談か相続放棄をする戦術を取るのが一般的だ、と。

佐藤　一方、鉄道会社側も、なるべく訴訟を避けようとします。理由は簡単で、鉄道自殺の場合、仮に裁判に勝っても賠償金を取れる確率は高くないからです。というのも、鉄道に飛び込んで自殺をする人の中には、経済的に困窮している方もおられるでしょう。鉄道会社側も、賠償金を払える遺産があるのか調査するはずです。裁判をやって勝っても賠償金は取りようがないと判断すれば、無用な訴えは起こさないと思います。

――そうであるならば、裁判をやる価値があるのは、故人に多額の賠償金を払えるだけの遺産があるのに遺族が応じないといったケースのみになります。

佐藤　そういう事例は極めてレアケースと言えるでしょう。

――だとすれば、ＪＲ東海の裁判はどう受け取ればよいのでしょう。

佐藤　ＪＲ東海の裁判は、電車にはねられ死亡した本人は認知症で、民法７０９条での責任を問えない可能性が高いと思われます。実際、裁判の争点も、認知症などで責任能力がない人が損害を与えた際、「監督義務者」がその責任を負うとする民法714条を巡るものでした。今後、高齢化社会が進展すれば、同様の事故が多発しかねません。JR東海は、賠償金目的というより、認知症患者による鉄道事故の責任を誰が負うべきか社会に訴えかけるため、この裁判を起こしたとも考えられます。

――なるほど、よく分かりました。考えてみれば、鉄道自殺の場合、ただでさえ大切な人をなくして打ちひしがれている遺族に裁判を起こすのは、鉄道会社としても気が引けるのでしょうね。

佐藤　社会的なイメージもありますからね。

抑止力として都市伝説には意味がある

――それに、喧嘩による遅延などはどちらが本当に悪かったのか、見極めにくくはありませんか。以前、JR東海道線で車内で目が合って喧嘩を始めた2人の中年男性がホームに降り立った後、もんどりうって共に電車に接触し、両方死亡して電車が止まった事件がありました。これなど、2人とも死んでしまった後となっては責任の所在をなかなか追及しにくいです。

佐藤　ただ一方で、私は、「列車を大きく遅延させると、鉄道会社から億単位の莫大な賠償金が本人や遺族に請求される」という考えは、鉄道自殺の抑止効果という意味で、それはそれで意味があったと思うんです。鉄道事故の処理は本当に大変なんです。条件次第では何十万人に影響を与えます。ご遺体の扱いにしても想像を超える大変な仕事です。しかも一刻も早く運行を再開せよと言われます。

――実際、相当なスピードで復旧するケースもよく見かけます。

佐藤　加えて、鉄道事故は多くの人に迷惑をかける。経済に影響を与えたり、場合によってはそれによって人生が台無しになる人もいるかもしれない。ですから、社会のためにも、大切な家族のためにも、そしてご自身のためにも、安易に鉄道に飛び込んで自殺をするのは何とか思いとどまってほしい、と切に願います。その抑止力になるなら、「列車を大きく遅延させると、鉄道会社から億単位の莫大な賠償金が本人や遺族に請求される」と、世間でまことしやかに語られ続けている方がいいと思っています。

起業に失敗した経営者が周囲に迷惑をかけまいと選ぶ〝最後の手段〟。しかしそれとて場合によっては、社会に大きな迷惑をかけてしまうというわけです。

「まるで起業がとんでもないリスクを伴う行為のように書かれているが。自分の周りには事業を起こしてそれなりに会社を経営している人が結構いる」。そう思う人もいるかもしれません。

その実感は実は正しくて、東京商工リサーチによれば、日本ではこの10年ほど、年間の新設法人数が増え続ける一方で、倒産件数は減り続けており、相当数の若い企業が短期間での倒産を回避し、経営を存続させていることがうかがえます。実際、開業率は低水準にある日本ですが、起業後の企業生存率は「1年目」から「5年目」までいずれも欧米を上回っていることを示すデータも存在します。例えば5年目生存率は約80％（欧米は40〜50％）。10人起業すれば、8人は5年後も会社を続けていられる計算です。

ところが、起業経験者にこうした話をすると、「会社経営は、失敗していないからといって、成功しているとは限らない」との声が少なからず上がります。どういうことでしょうか。

「倒産はしていないが、成功したとは言い難い状態でリビングデッド（ゾンビ）のようになっている起業家が数多くいる」。そう話すのは、『学生は起業するな！』の著者で、自らもＩＴベンチャー企業を経営する刀禰真之介氏です。

例えば、夢を掲げ起業して10年。売り上げは立ち、食うに困ることはなく、負債額も大きくない。しかし利益は細々としたもので、今後会社の規模が今の3倍、4倍になるイメージは浮かばない——そんな起業家が増えているというのです。「特にＩＴベンチャーが、システムの受託開発などで細々と食いつないでいるケースが多い」と刀禰氏は指摘します。

失敗しなくても、ただ〝生きているだけ〟の存在

最近は昭和の時代に比べ、ネットビジネスなど「低コストで始めて回転させられる業態」が増え、起業のハードル自体は下がりました。しかし、そうなると、多くの人がその分野に参入しますから競合が増え、儲かりにくくなります。「簡単に始められる」ということは「簡単に儲からない」ということでもあるのです。

例えばＡ氏。取材当時、26歳だった彼は、20歳で会社を設立し、23歳で事業売却した経験を持っています。しかし、「売却した後は、起業前よりも貧乏になってしまった」と言います。

幼い頃から独学でプログラミングを学び、中学生の時にはウェブサイトを作るようになりました。ブログサイトなどを運営して、アフィリエイト広告収入を得ていたそうです。

そんなＡ氏が初めて会社を設立したのは２０１３年でした。手掛けたのは、当時急速に人気が盛り上がり、絶頂期にあったソーシャルゲーム事業。仕事を通じて出会ったエンジニア、デ

ザイナーの2人と業務委託契約を結び、自己資金をつぎ込んで開発を始めました。税理士を通じて個人投資家に企画をプレゼンしたところ、熱意を認められ５０００万円の資金を調達することもできたそうです。

15年に自動車に関する情報サイトも立ち上げました。10代の頃から培ってきたウェブ集客のノウハウをつぎ込み、閲覧数は毎週2倍のスピードで成長したといいます。

さて、Ａ氏の起業の収支はどうだったのでしょう。

結論から言えば、15年末に事業を売却しても、借金を返済すると手元に売却資金はほとんど残りませんでした。なぜか。事業は失敗こそしていませんでしたが、競合が多く、売り上げは立っても、思ったような利益を上げられていませんでした。また、同じような情報サイトが乱立した結果、売却金額も伸びなかったそうです。

このように、起業して一見それなりにうまくいっているように見えても、実は「無為に時間を失っただけ」（Ａ氏）というケースも多いのです。

24歳で起業したＢ氏のパターンもそうでした。

地元で総菜店を開業したのは06年。「上司にペコペコしながら働いても、駒として使い潰されるのがオチ。自分はそういう人生は歩みたくない」と考えたからだそうです。

起業資金として借金してかき集めたのは６９０万円。しかし明確な経営戦略はなく、店の経営は初日から苦戦。待てど暮らせど客は来ず、初日に来てくれたのは、両親など知り合いを除けば3人だけ。立地条件も店舗を下見した段階では悪くないと思っていましたが、その時は朝の時間帯で通勤する人でにぎわっていただけでした。資金は半年で枯渇し閉店。借金はそのまま690万円が残りました。

廃業後は、大学の知り合いの紹介でシステム会社に入社。副業として休日は朝から晩まで引っ越し業務や交通整理にいそしみ、平日の夜はコンビニで働き、睡眠時間3時間程度の生活を5年続け、ようやく全額を返済したそうです。

8人で資産500億円の集団もいるが…

もちろん、起業家の中にずば抜けた成功を収める人たちがいるのも事実です。

「カンパーイ」。某日、東京・渋谷の鳥貴族で常連客らしき8人の若者が酒を酌み交わしていました。服装や雰囲気、298円均一の同店名物「貴族焼」と生ビールを注文する様子などは、一見すると普通の大学生としか思えません。実は、彼らは渋谷を拠点とする新進気鋭の投資家や起業家。8人の総資産は500億円を超えます。

その一人、古田義男氏（仮名、28歳）の資産額は8人の中では〝控えめ〟な約12億円。新卒で

ITベンチャーに入社し、2年後に独立。1社目の事業を売却し、2社目の事業を成長させている経営者です。鳥貴族を愛用するのは「コスパがいいから」と話します。

仲間との会合の場以外を見ても、古田氏の日常の消費は質素です。住まいは月12万円の賃貸住宅で、クルマは所有しておらず、腕時計は約5万円のセイコー製。取材日の昼食は、社員と一緒に宅配サービス「ウーバーイーツ」で注文した約800円のカレーライスだったそうです。

しかしこれはケチだからではなく、今は仕事が面白く、ぜいたくな消費をする暇などないからです。自分の会社を作った頃は1日18時間、ソフト開発に没頭していたし、今も1日の大半は仕事。時間がない上、「ビジネス以外でのおカネの使い道が全く思い付かない」（古田氏）ため、保有している現金資産のほとんどは会社に貸し付け、運転資金として回しています。

古田氏同様の新勢力企業オーナー、原田明慶氏（仮名、35歳）も、日常生活は古田氏とほぼ変わりません。もともとフリーターだったという原田氏。ベンチャー起業家に拾われるようにエンジニアになり、スマホアプリの開発に携わりました。独立したのは約5年前で、現在の個人資産は5億円だそうです。

「僕ら若い起業家の間では、事業が成功した途端、個人的なリッチ消費をするのはダサいという価値観がある。高級車でも買おうものならすぐSNSでたたかれるし（笑）。原田氏はこう話します。ぜいたくな消費をするくらいなら、今の事業を拡大して社会問題を解決してくれるビジネスに出資し、承認欲求を満たしたいそうです。

ぜいたくを覚える暇もないほどの猛スピードで爆発的な成功を遂げる――。そんな起業成功者も確かにいます。しかしそれは例外中の例外。その成功の裏には、何倍、いや何十倍の鳴かず飛ばずの例があると考えるべきでしょう。日々ニュースに耳を傾けて、街を歩いていれば、誰にでも現実は分かるはずです。

こうして本章の結論も見えてきました。

「お前、会社辞めて、起業したんだって？　いずれは株式公開して億万長者か！」

「……（会社売ったら、何も残らないよ…）」

「同窓会に行けない症候群」の原因として考えられる第二の仮説は「起業して失敗したから」で、その背景には、「成熟市場での事業創造の難しさ」がある、です。

第二章

同窓会に行けない事情③

「好き」を仕事にできなかった

「同窓会に行けない症候群」が広がるのは自信を持てない大人たちが増えたからではないか、との仮説に立ち、その背景として「企業における出世の難度上昇」と「成熟市場での事業創造の難しさ」を分析してきました。

とはいえ、人が自分に自信を持つ方法は、社会的に成功して他人から承認を得ることだけではないはずです。好きな仕事をとことんやって「自分は悔いのない人生を送っている」という自覚がある人は、いわば自分で自分を承認しています。そんな人は、出世しようがしまいが、同窓会に行けなくなるほど自信を失うことはないと思われます。つまり、「今の日本で、自信を持って人生を歩む（同窓会に堂々と参加する）ための方法の1つ」＝「『好き』を仕事にすること」

となるのではないでしょうか。

問題は、今の時代は簡単には、「好き」を仕事になどできない点にあります。

バイク乗りがバイクを仕事にすれば幸せか

1990年代にヒットしたリクルート刊『好きを仕事にする本』が語源とされる「好きを仕事に」。2003年に発行された『13歳のハローワーク』は、「好きで好きでしょうがないことを職業として考えてみませんか？」を売り文句に累計発行部数150万部を記録しました。今でも「心から好きと思えることを仕事にすれば、社会的地位や収入に関係なく、幸せに働けることができ、自信ある人生に近づく」というのは多くの人の共通認識のはずです。

しかし、『搾取される若者たち』（集英社）の著者で甲南大学教授の阿部真大氏は、「『好き』を仕事に」の問題点は、「自分が好きな仕事が必ずしも市場で高く評価されるわけではないこと」と指摘します。

例えば、バイク便ライダーという仕事があります。企業などから急ぎの荷物運搬を請け負う業務で、一日中バイクを乗り回すのが任務。まさにバイク好きには天職で、1980年代から市場が拡大すると、その仕事を目指す若者が急増しました。

しかし、自らもバイク便ライダーの経験を持つ阿部氏によれば、そうやってこの世界に入った若者の中には、この仕事が大好きであるにもかかわらず、ほどなく職場を去る者も少なからずいたといいます。

渋滞する車の間を縫うように荷物を短時間で運ぶ危険な仕事である割には、報酬面での契約条件が厳しかったからです。

個人事業主ライダーの場合、バイクもガソリンも自前で、報酬は完全歩合給。最盛期には100万円以上の月給を稼ぐミリオンライダーもいたものの、それは運転技術にたけた一部に限られ、多くは大きな事故でも起こせば、自己負担により収入がマイナスになってしまう状況にありました。転倒し、けがで休めば収入がいきなりゼロになる場合もあったそうです。「バイク便ライダーに限らず、小中学校の教師も『好き』を仕事にしながら必ずしも幸福とはいえない職業」と阿部氏は指摘します。

好きを仕事にしたはずのバイク便ライダーが見舞われたのは収入の不安定でしたが、子供が好きで教職を選んだ人が直面するのは私生活の犠牲です。OECD（経済協力開発機構）が2013年に実施した国際教員指導環境調査によると、日本の教員の1週間当たり勤務時間は53・9時間と国際平均より15時間以上長くなっています。「勤務時間は年々伸び続けており、教育熱心な教師ほど体や心を壊してしまう実情がある」と阿部氏は説明します。

「好き」を仕事にすることは確かに「納得いく人生への近道」かもしれませんが、食べていけなかったり体を壊したりしてしまえば、長く続きませんし、それこそ同窓会どころではなくなります。トップアスリートや有名芸能人のように、好きなことを仕事にして十分な収入を稼ぎ続けられる職業は限られており、そこで従事できるのは才能と運に恵まれた一部の人なのです（こうした〝選ばれた人〟は、それはそれで同窓会に参加しにくいという話は既にしました）。

「好きを仕事に」できた最後の職業、それは「トラック野郎」

ただそれでも、昭和の時代までは、「好き」を仕事にして幸せな暮らしをする人たちが今よりはいました。その代表が「トラック野郎」です。

菅原文太氏扮する長距離ドライバー、星桃次郎の活躍を描いた「トラック野郎」は1970年代の人気映画シリーズ。1975年の第一作が公開されて以降、当時の東映を代表する作品となりました。映画の影響を受け、実際に電飾で飾り立てた愛車で荷物を運ぶトラックドライバーも増加。子供たちがデコレーショントラックのプラモデルに夢中になるなど、一種の社会現象にもなりました。

愛車「一番星号」を飾り付け、自慢の運転技術を駆使し、夏は北へ冬は南へ自由気ままに旅しながら暮らす。そんな「トラック野郎」の主人公の生き様は、まさに「好きを仕事に」の典型例です。

星桃次郎は架空の人物ですが、当時は似たような暮らしをしている「トラック野郎」たちが実在しました。製造も小売りも成長途上だった1970年代は、物流産業も未発達な上、契約が決まるたびに配送事業者を探す企業も多く、フリーのドライバーでも高い報酬の仕事を直接請け負える機会が残されていたのです。

実際、ある現役ドライバーは「桜前線の北上に合わせて仕事を請け負い、全国各地で花見をしていた」と先輩社員から聞いた伝説を話します。映画から飛び出してきたような「トラック野郎」が集まったデコトラ集団「哥磨会」の会員は最盛期には500人以上いたそうです。

80年代に入りドライバーに仕事を斡旋する事業者が台頭すると、個人事業主がメーカーや小売店と直接契約するのは難しくなりました。それでも、作る端からモノが売れていくバブル景気もあってドライバーの給料は上昇。「未経験でも年収1000万円の求人がいくつもあった」（当時を知るドライバー）といいます。

自由気ままに生きて、収入もいい――。もしトラック野郎の登場人物たちが実在すれば、喜んで同窓会に参加し、故郷に錦を飾ったことでしょう。

しかし、そんな彼らの世界は、バブル崩壊とともに姿を消してしまいました。

荷主からの強いコスト削減要求に加え、ドライバーの数が増えすぎたことが原因です。「多くの人が好きで、収入も高い仕事」には当然、多くの希望者が殺到します。そうやって参入者が増えれば、高収入を維持することはやがて難しくなります。考えてみれば、市場経済では、「好き」を仕事にできる環境は往々にして、早晩消えてしまう運命なのです。

「好き」が「嫌い」になる瞬間、野球選手とラッパーの場合

「『好き』を仕事に」の落とし穴は、「食べていけない場合も多い」だけではありません。

「小5くらいからレギュラーになって、野球をすることが好きで仕方なかった。それが仕事になったらプレッシャーからどんどん悩みが増えていった」。こう話すのはある元プロ野球選手、C氏です。小学時代から野球を始め、中学で軟式野球部に入部。3年の時に「4番ファースト」として県大会を制しました。高校3年時にはエースとして夏の甲子園に出場。全日本高校選抜にも選出され、プロのスカウトの注目を集めるようになりました。

その後、迷わず「プロ野球志望届」を提出。ドラフト1位で入団し4年目までは順調でした。1年目から1軍での登板機会を与えられ、4年目には年俸は4000万円に到達します。

異変が訪れたのは5年目からでした。きっかけは統一球の変更です。いわゆる「飛ぶボール」に変わったことで「ボールを持った時の感覚の違い」に悩まされるようになりました。球種の追加やフォーム改造を試みましたが、一度ずれ始めた感覚は戻りません。こうして2軍暮らしが続き、7年目のシーズン終了後、戦力外通告を受けることになりました。

「楽しいはずだった野球のことで、悩んでいるだけの毎日だった」。C氏は、野球人生の後半をこう振り返ります。

食べていけないことに並ぶ「好きを仕事に」のリスクは、仕事にしてしまうと好きなものが大きな苦悩の原因になってしまう可能性があることです。そうやって好きなものを失えば、人によっては回復不可能なダメージを負いかねず、自信を持てる人生（＝同窓会に堂々と行ける人生）は遠ざかります。

２００９年に公開され、第19回ゆうばり国際ファンタスティック映画祭オフシアター・コンペティション部門でグランプリを獲得した日本映画『ＳＲサイタマノラッパー』はまさに、「好き」を仕事にしようと奮闘する若者たちを描いた群像劇です。

北関東の郊外都市でラッパーを夢見るＩＫＫＵと、その仲間のＴＯＭとＭＩＧＨＴＹ。しかし現実は厳しく、所属するヒップホップ・ユニット「ＳＨＯ-ＧＵＮＧ」は初ライブさえ未定の状況です。バイトをしているＴＯＭや実家が農家のＭＩＧＨＴＹはまだしも、ＩＫＫＵは職もなく、あてどない日常生活を一見仲間と楽しく送りつつも、次第に夢と現実のギャップに追い詰められていきます。

この種の青春劇に見られるパターンの1つは、主人公たちが夢をつかむ姿、あるいは夢をつかむ予兆を見せてエンディングを迎えることです。しかしサイタマノラッパーはそうならず、希望は潰えこそしませんが、〝先送り〟されながら物語は続いていきます（ＰＡＲＴ３まで制作済み）。そしてファンはそんなＩＫＫＵたちの〝希望の先送り〟をどこか安心した気持ちで見守るのです。

もしＩＫＫＵたちが初ライブを成功させ、ラッパーの登竜門的音楽賞などを受賞したところまで描いてしまえば、この話はリアリティを失い、ここまで多くの人を魅了しなかったでしょう。「好き」を仕事にするなんて、現実には一部の人にしかできない芸当なのですから。

そしてこの名作の〝本書的見どころ〟は、主人公のＩＫＫＵが高校時代の同級生である千夏と偶然、再開するシーンです。一度は上京しながら帰郷していた千夏は書店員になっていて、ＩＫＫＵはそうと知らず求人情報誌を買おうとします。ヒップホップ系の衣装に身をくるんだＩＫＫＵに気づいた千夏は彼をからかいます。しかしＩＫＫＵは何も言わずに、その場から逃走してしまうのです。

ＩＫＫＵがなぜそんな態度を取ったのか。劇中では、言葉としてその理由は語られません。しかしそこには、「好き」を仕事にしようとして挫折した人の、同窓会に対する普遍的な姿勢が垣間見えるように思えるのです。

こうして本章の結論も見えてきました。

「教師の仕事どう？　子供が好きで学校の先生になったんだよな？　『好き』を仕事にできて全く羨ましいよ」

「……（もう学校になんか行きたくないんだよ…）」

「同窓会に行けない症候群」の原因として考えられる第三の仮説は、「『好き』を仕事にできなかったから」で、その背景には、「市場経済における『好きを仕事にする』ことの困難さ」がある、です。

世紀のパロディ「フランク三浦」の末路

「フランク三浦」の製造販売元、ディンクスの下部良貴社長に聞く

「『好き』を仕事にする」と聞いて多くの人が思い浮かべるのはプロスポーツ選手だろう。幼い頃から得意で好きで仕方なかったスポーツで食べていけるならこれ以上幸せなことはない――。多くの人はこう思う。だが、本当にそうなのか。

「フランク三浦」という腕時計ブランドがある。時計の企画開発などを手掛けるディンクス（大阪市）が開発したもので、文字通り、高級時計ブランド、フランク・ミュラーの「パロディ商品」だ。価格は本物の100分の1以下に設定。「時計の歴史を200年早めた時計職人ブレゲの再来」と言われるミュラー氏に対し、「グレコローマンスタイル400戦無敗の謎の天才時計技師・フランク三浦氏が立ち上げたブランド」などと主張して市場

下部良貴（しもべ・よしたか）
1970年生まれ。PL学園高校を経て大阪学院大学。大手商社を経て2001年にディンクス設立。12年「フランク三浦」を商標登録したものの、15年特許庁はフランク・ミュラー側の申し立てを受け登録取り消し。17年最高裁にてフランク三浦側の勝訴が確定した。

投入に踏み切った。

ところが、「こそばかして、笑い飛ばしてもらうつもりだった」大阪流の笑いは、世界を席巻する超一流ブランドには通用せず、相手側は反発。商標登録を巡る紛争は知的財産高等裁判所にまでもつれ込むトラブルに発展してしまう。

なぜこの話が「好き」を仕事にと関係あるのかといえば、下部社長は元・野球少年で、名門ＰＬ学園出身。〝「好き」を仕事にした男たち〟（＝プロ野球選手）や〝「好き」を仕事にしようとした男たち〟（＝プロ野球志望者）を普通の人より多く見続けてきたからだ。

好きを仕事にすることは本当に幸せなのか。超一流ブランドと大阪の中小企業との一大国際紛争の行方と合わせて、お届けする（注：こそばす＝くすぐるを意味する関西の方言）。

――それにしても随分と大きな相手に戦いを挑みましたね。
下部　違うんですって。ほんの少しふざけただけなんです。まず、ウチの商売を説明しますと、海外製腕時計の並行輸入やオリジナル腕時計の企画開発が主力業務なんですが、価格帯で言えば、20万～30万円が天井で、数万円といったチープなものを中心に扱っています。

――数万円でも「チープ」なんですか。

下部　腕時計の世界では、高級帯というのは数百万、数千万円の世界ですから、それに比べるとチープという表現になります。でも腕時計ファンというのはなかなか厳しくて、その数万円クラスの時計に対し、数百万円レベルの品質なり動作性能を保証してほしいといったクレームが結構来るんです。

「気休め」で開発した商品だったが…

――なかなか厳しい商売だと。

下部　例えば、トゥールビヨン（機械式時計の弱点をカバーした、時計技術の中でも最も複雑とされる機構）。2006～07年には数千万円はしたトゥールビヨンを量産品として20万円を切る価格で出しました。でもそうすると、1日の遅れを5秒から3秒に調整してほしいといった申し出を頂くんです。作り手にしてみたら、2000万円とか3000万円とかするトゥールビヨンが20万円で手に入るのだから、そのくらいは堪忍してくださいという気持ちもあるんですが、商売ですからそうも言っていられない。そのほかにも機械式の手巻きのクロノグラフとか複雑な機構をずっとやっていました。

――庶民には手が届かないマニアックな高級腕時計をリーズナブルな価格で市場に送り出すビジネスモデル。一方でマニアが多い腕時計ファンが相手。コストと品質をハイレベルで両立させる上で非常にエネルギーを使う商売、というわけですね。

下部　そこで、逆に気休めじゃないですけど、もっと肩の力を抜いたおもろい企画もたまにはやろうよという話になって、フランク三浦ってのはどうかと言ったら、社員が1人、笑ったんですね。それで開発に踏み切ったんです。1個3000円ぐらいで細々とやろうと。世の中に広める気などありませんでした。

――しかし現実には静かなブームを起こしてしまい、目立ってしまいました。

下部　僕は野球をやっていたので、ヤクルトOBの宮本慎也がPL学園の同級生になるんです。彼はもともとウチのトゥールビヨンなどをよく買ってくれていたんです。選手が初ヒットとか初勝利とかいう時に名前を彫ってプレゼントしていた。そこである時、ふざけてフランク三浦をたくさん送ったら、電話が掛かってきて「これめっちゃおもろいやん。選手全員に配るから全部買うわ」と言ってくれた。当時、ヤクルトが強かったこともあって、この時期から様々な所で話題になり始めて、つば九郎がブログで紹介してくれたりしているうちに芸能人の方などにも広がっていきました。ほとんど広告費はかけていません。

——なるほど。

下部　そうなると大手流通の方も声を掛けてくださるじゃないですか。その際に当然、「これって商標登録とかはどうなってるの」って話になるわけです。

一度はあっさり通った商標登録

——その時点では何もしてなかった?

下部　全然してなかった。「どうでもいいわ」と思っていましたから。でも大手さんから登録してくださいと言われたのでそうしたら、すんなり通ったんです。それで大手さんにも一気に流通ルートが広がりました。

——フランク・ミュラーと混同する消費者はいない、というお上の判断ですか。そもそも三浦って漢字ですし、価格帯も違う。

下部　なんなら三浦の浦に右上の点がないですからね。

——ほんとだ。「みうら」ですらない。

下部　ほかにも「非防水」ってうたっているし、説明書にも「縮れ毛が入っていても良品」と書いてあるんですよ。そんな時計を、誰が超一流ブランドと間違うのか、と。

——いずれにせよ、商標登録もすんなり通ったわけですし、法律的にも何の問題もないように思いますが。

下部　僕もそう思っていたんですが、そうしたらある時、Ｆａｃｅｂｏｏｋのフランク三浦のページが消されたんですよ。

——いきなり消されるものなんですか。

下部　はい。最初は「何じゃこれは」と思いましたが、ほったらかしにしてたんですよ。そしたらＴｗｉｔｔｅｒの本社から、「商標権侵害の恐れがあるから、フランク三浦関連のアカウントを凍結する」と通告が来て、一旦止められました。何が起きているかよく分からなかったんですが、「こっちは商標登録をきちんと済ませている」という旨を伝えたりしてやり取りしていたら、フランク・ミュラーの商標管理会社と名乗る企業からホームページに英語でメールが来たんです。

――メールで？

下部　最初は僕も、うそかなと思ったくらいなんですよ。仕方がないので「英語じゃ分からん、日本人だから日本語で話して」と対応していたら、今度は、日本の弁護士事務所から「商標権が侵害の恐れがあるので取り消させてもらう」という内容証明が送られてきて、その後実際に特許庁の方から商標を取り消しますと通告を受けたんですよ。

――1回通っている商標なのに、そんなあっさり消されてしまうものなんですか。

下部　向こうの訴えを認めます、と。でもこれは僕らとしたら納得いかない。ちゃんと手続きを踏んで国が1回認めたんですから、それを取り消すならやはり納得した手続きがもう一度必要でしょう。

――確かに。

「フランク三浦がダメならパロディ文化は消滅」

下部　そこで知財に強い弁護士さんに相談しました。商標の専門でやられている方です。その弁護士さんがおっしゃるには、フランク三浦がダメなら「パロディ」とか「サブカル」という分野は全部あかん、と。江戸川乱歩（注：米小説家エドガー・アラン・ポーに由来）も、ずうとるび（注：ビートルズに由来）も全部アウトになる、と。

――そこで、商標無効の取り消しを求めた訴訟を知的財産高等裁判所に起こされた、と。

下部　そう。納得がいかないのでやりますと。ウチにとってはフランク三浦の売上高比率は全体の数パーセントなんです。それでも納得がいかなかった。それに、相手側の主張に簡単に折れてしまうと損害賠償請求などをされる可能性があると言われたことも戦おうと思った理由の1つです。弁護士の先生は「主張すべきところは主張しないとあかん。フランク・ミュラーとロゴの入った商品を売っているわけではないでしょう」と言ってくださって、それに背中を押された面もあります。

――そして2016年、知的財産高等裁判所が異議申し立てを認め、フランク・ミュラー側が最高裁に上告するも棄却され、ディンクスの勝訴が確定した、と。

下部　2017年に相手側の控訴が棄却されて、相手側の最後の不服申し立てができる期限が切れて100%終了です。

——報道によると、知的財産高等裁判所は「三浦は漢字を含む手書き風の文字で、明確に区別ができる」「100万円以上の腕時計と4000~6000円程度の時計が混同されるとは到底思えない」といった理由で御社の商標を有効と判断しました。相手側は「フランク・ミュラーの名声にただ乗りし、その価値を貶めるもの」と主張していたようですが。

下部 相手側のビジネスへの影響は全くないと思います。例えばフランク・ミュラーの100万円の製品と同レベルのものを作って20万~30万円で売ったら、混同する消費者もいるかもしれませんよ。でも、これは間違いようがない。

——確かに。

大阪の笑い、スイスの方に拾ってほしかった

下部 価値を貶めるといっても、近くに置いておちょくってたらそうかもしれませんが、フランク・ミュラーとフランク三浦は同じ場所で売られていません。僕らとしては、あくまでパロディとして消費者も業界の方も笑い飛ばしてくれたら

いいと、「こそばそう」と思って出した商品。本物とは明らかに違う突っ込みどころもたくさんちりばめたんですが、そこをスイスの方には拾ってもらえなかった。

――それにしても大きな話になったもんですね。

下部　商標登録もきちんと済ませていたし、思いもよらないことでした。フランク三浦でビルを建てたわけでもないですし。大体価格が数千円でしょう。コストを差し引いたら、僕らのマージンっていくらなんだっていう話ですよ。

――お話はよく分かりました。ただ今回は「あまりにも違う商品過ぎる」という点が認められ、「相手側のビジネスもブランドも毀損していない」し「消費者の混同も招かない」と判断されたわけですが、一つ間違えば深刻な事態になっていた可能性もあります。係争中は相当ストレスを感じたのではないですか。

下部　あまり深く考えてはいませんでしたが、ストレスがなかったと言えば嘘になります。高校の寮生活3時間分のストレスと同じぐらいでしょうか。

――当時、ＰＬで野球をするというのはそんなに大変なことだったんですか。

下部　まあそうですね。

――宮本さん以外に、どんな「後の名選手」と野球をされていたんですか。

下部　清原さんと桑田さんと入れ替わりで入部したんですよ。だから1つ上が立浪さんとか片岡さん。1つ上の学年は春夏連覇していた頃の本当に強い時代で、僕は春夏連覇をスタンドで見ました。その後も僕は控えキャッチャーで、試合に出てもずっとブルペンにいました。

――当時のPLのレベル感はどんなものなんですか。全国から才能のある方が集まってくるわけだから物凄かったのでは。

下部　僕の場合は入部して2日ぐらいで無理だなと思いました。練習がきついんじゃなくて、周囲のレベルがとんでもない。何じゃこりゃみたいな。びっくりしましたね。

――でも、入部できたんですから、相当なレベルだったわけでしょう。

下部　PLからは小学校6年生の時にスカウトが来ました。その頃が僕の野球人生のマックスです。小学校の時に軟式で全国制覇したんですよ。その時点で遠投が90mぐらいで、背も170cmぐらいあって。

「ドラフト1位」がダメになる本当の理由

――参考までにお聞きしたいんですけど、ドラフトで上位指名された人が必ずしも成功しなかったり、逆に下位指名の人が大化けしたりするじゃないですか。どうしてなんですか。

下部　プロに入って練習するか、しないか。死に物狂いでやるか、やらないかでしょうね。宮本慎也なんて、バッティングは期待できないと言われていたのに2000本打ちましたからね。守備はうまかった。でも肩はそんなに強くなかったし、筋力もそれほどなかったはずなんですけど。

――最終的にはクリーンナップとか打ってましたもんね。

下部　そうなんです。5番とか打つんですよ。

――すべて努力？

下部　努力ですね。後は、自己管理ですか。プロになると、銀座とかに行くとモテるじゃないですか。ああいう人たちって本当にモテるんですよ。だけどやっぱりそういうのをほどほどにというか、断ち切る。宮本は、現役中は酒は飲まない、たばこは吸わない。20代後半ぐらいかな、一切そういうのはやめて、まじめでしたよ。ずっと練習でした。

――やっぱり一流は一流たる理由があるんですね。

全国屈指の甲子園常連高から小学生の時にスカウトが来るような逸材でも、入部2日目で自分のレベルを痛感させられる――。当時のＰＬ学園野球部がいかにすごい場所だったか、うかがい知れる話です。プロの世界に入れるのは、そんな選ばれたトップ集団で競争を勝ち抜いたほんの一部の人間だけ。そしてプロとして活躍し続けられるのは、さらにそのごく一部です。

元祖・子供たちの憧れ「プロ野球選手」。しかし下部社長の話から伝わるのは、華やかさよりむしろ、その世界の過酷さでありエリートの苦悩でした。

今の社会で「好き」を仕事にして一定レベルの暮らしをするには特別な才能が必要。しかし、それを実現できた人でも、幸せかどうかは本人しか分からない、と言えそうです。

一方、結果として野球という「好き」を仕事にできなかった下部社長ですが、言葉の端々から腕時計製造に対する並々ならぬ情熱が伝わってきました。プロ野球の話といい、本当は大変だった商標登録紛争をユーモアたっぷりに話す語り口といい、きっと同窓会では人気者なのだと思います。

＊　＊　＊

第四章

同窓会に行けない事情④

「仕事以外の何か」が見つからなかった

「同窓会に行けない症候群」が蔓延するのは自信のない大人が増えたからではないか、との仮説に立ち、背景にあると思われる「企業における出世の難度上昇」「成熟市場での起業の難しさ」「市場経済で『好き』を仕事にすることの困難さ」の3つを分析してきました。いずれも、カギとなっているのは仕事。要は、仕事による自己実現が理想通りに果たせなかったことが、多くの大人が十分な自信を持てない要因になっている、との見立てです。

しかし世の中には、「人が自信を持つ方法は、何も仕事だけではない」と思う方もいるはずです。それはその通りで、1979年から連載され国民的映画シリーズにもなった漫画『釣りバカ日誌』のハマちゃんこと浜崎伝助のように、仕事以外の好きなことに打ち込み、それを極めている人は人生への満足感も高いに違いありません。つまり、「今の日本で、自信を持って人生を歩む（同窓会に堂々と参加する）ための方法の1つ」＝「なりふり構わず打ち込める仕事以外の何かを見つけること」ともなるのではないでしょうか。

問題は、現実には「仕事以外の何か」など簡単には見つからない点にあります。

午後4時退社で年収1000万円の国

まず、自分の人生の誇りとなる「仕事以外の何か」とは、どのようなものが考えられるでしょうか。すぐに思い浮かぶのは次の２つです。

①　趣味

②　子育て（家族形成）

趣味は誰だってその気になればつくれますし、子供を産み育てること自体は多くの人が実践していることです。ただ、趣味にせよ子育てにせよ、「自分の人生の誇り」と言えるまで昇華させるには十分な時間が必要です。しかし、それが可能な人は限られます。多くの人は生きるために仕事をしなければならないからです。

そんな中、ここ10年、注目を集めているのが「ワークライフバランス」という言葉です。要は、「仕事はほどほどにして、『仕事以外の何か』にも打ち込み、人生に彩りを添えよう」という考え方で、もともとは１９８０年代に米国で生まれた思想。「国民の幸福度を高める概念」として普及し、日本では２００７年、政府の「骨太の方針」にその重要性が盛り込まれました。

実際に世界には、このワークライフバランスによって多くの国民が「仕事以外の何か」に取り組み、高い幸福度を維持している国も存在します。例えば、デンマークです。そのバランスがいかに優れているかは、首都コペンハーゲンのＩＴ企業で働く37歳の男性、ヘンリク・ペデルセン氏の働き方を見てもよく分かります。

ペデルセン氏の勤務時間は毎日午前8時から午後4時まで。女性もほとんどフルタイムで働く国とあって、妻と共働きで2人の子供を育てるには「むしろ4時に帰らないと家庭生活が回らない」そうです。帰宅後は、家事が終わり次第、子供の教育や自己啓発など私生活を存分に楽しみます。それでいて年収は1050万円。子供を育て、趣味を楽しむには十分な金額です。

ペデルセン氏が特別なのではありません。この国では午後4時に退社して子供を学校まで迎えに行き、家族で夕食を取るのが当たり前なのだそうです。こんな生活なら「仕事以外の何か」を見つけ極める時間は十分ありそうです。

そんなデンマークは他の北欧諸国と共に「世界幸福度ランキング」上位の常連にもなっています。「仕事以外に居場所を持つことが幸福度を高めている」(フィンランド大使館のマルクス・コッコ報道・文化担当参事官)ということなのでしょう。幸福度は自信とも比例するでしょうから、本書の理屈では、デンマーク人の多くは同窓会的会合にも顔を出していることが推察されます。

「反ワークライフバランス大国」ニッポン

しかし、ここは日本です。専門家の間では、企業の仕組みにせよ、社会の構造にせよ、「日本では、ワークライフバランスを極める土壌自体がまだできていない」と指摘する声が少なくありません。

そもそもデンマーク人がワークライフバランスを実現できる背景には、徹底した効率化があります。タイムマネジメントに関する意識がとにかく強く、会議は1時間と決めたらそこで終了。時間内に何も決められなければ、会議の主宰者にダメ社員の烙印が押されます。

皆の時短を妨げる社員を待ち受けるのは解雇です。解雇条件が日本に比べ緩く、会社は約1カ月前の通達で社員を辞めさせられます。要は、全社員が就業時間内に業務を終わらせられるよう必死に仕事をする体制ができているのです。働き方改革が進む中でもいまだ「帰りにくい雰囲気」が残る職場も多い日本で、同じことがすぐにできるとは到底思えません。

また、デンマークは、社会構造も国民のワークライフバランスを最優先に組み立てられています。小売店は夕方には閉まり、休日営業も少なく、消費者も過剰なサービスを求めないそうです。

さらに、専門家の中には「土壌ができたとしても、日本の場合、国民性そのものがワークライフバランスの実践に向いていない」との声もあります。

「おもてなしの精神に代表されるように、顧客に無償サービスをしたり、同僚を進んでサポートしたりすることが美徳とされる社会。『ここまではワーク、ここからはライフ』と割り切って働ける職場が少ない」（製造業や建設業などを中心に顧客を抱える産業医の小橋正樹氏）。

もっとも日本にも、ワークライフバランスを極める方法が全くないわけではありません。

例えば、「他人との仕事の分担が明確な上、1日の労働時間が厳密に決められている職場」で、正社員以外の職種で働くことです。これなら仕事量の上限を比較的制限できますし、現実に地方の工場などには〝ライフ〟を充実させるため、アルバイトや期間工などといった雇用形態で働く人もいます。

ただその場合、収入が不安定になりかねないという新たな問題が発生します。いくら時間があっても先立つものがなければ「仕事以外の何か」を思う存分追求できません。

私生活の充実と収入の安定を両立させる方法はないか。現在、関西で暮らす30歳のCさんはそんな難題を解こうと奮闘してきた女性の1人です。様々な職業を研究した結果、彼女が大学院修了後に選んだのは「地方の工場に併設された研究部門で、専門職として働く」ことでした。

具体的には、地元のメーカーに入社し、九州工場の品質管理部門へ配属希望を出しました。生産部門と連携するため、勤務時間は工場が稼働する9～17時で残業はありません。それでいて専門職のため収入は高く、安定しています。最初はまさに、一定の収入を確保しながらワークライフバランスを極められる穴場的な仕事を見つけた、と思ったそうです。

しかしCさんは配属から2年もたたず本社の営業職への異動希望を出すことになります。

「買い物に車で30分以上かかり、遊ぶ場所も少ない。時間とお金があっても全くライフを充実させられない」という現実に我慢できなくなったからだそうです。

営業職に移った結果、Cさんはどうなったかというと、確かに、恋人との遠距離恋愛は解消し、都会での刺激的な生活も送れるようになりました。ところが今度は残業が大幅に増え、最終的には「一緒に過ごす時間がない」という理由で、恋人とも別れてしまったそうです。

「余暇時間の確保と収入の安定を高いレベルで両立できる仕事はあるにはあるが、勤務地が地方だったり時間帯が夜間だったり生活を充実させにくい条件の職場が多い、というのが私の結論」とCさんは話します。

「地方公務員＝楽な職業」はどこまで本当か

ここで、「地方公務員なら、仕事量を制限しつつ安定収入も見込める」と思う人もいるかもしれません。しかし「それは大きな誤解」と某県庁に勤める30代のD氏は打ち明けます。

税金を滞納している法人などに支払いの催促をする税金滞納整理を担当しており、月の残業は80時間とワークライフバランスにはほど遠い状況です。月給は手取り25万円ほど。「雇用は安定しているが、民間の方から思われている以上に私生活を犠牲にする仕事」と断言します。

A 収入安定 × バランスOK	**B** 収入不安定 × バランスOK
C 収入安定 × バランスNG	**D** 収入不安定 × バランスNG

ここまでの議論を整理してみます。まず世の中の職業を次の2つの軸で4つに分割してみましょう。

①収入が安定しているか、不安定か
②ワークライフバランスを取りやすいか、取りにくいか

そうすると、すべての仕事は上の四象限のどこかに当てはまります。

当然のことながら、「仕事以外の何か」を追い求める上で有利なのは「A：収入安定×バランスOK」の仕事です（例：一定の給料をもらいつつ時間的自由度の高い仕事）。しかしそんな都合のいい職場はなかなかなく、現実に存在する仕事の多くは「B：収入不安定×バランスOK」（例：1日の労働時間が決められている職場で、アルバイトや期間工として働く）か「C：収入安定×バランスNG」（例：一般的な日本企業や役所で働く）で、多くの人はこのいずれかを選ばざるを得ません。

Bは「時間はあるが収入が不安」。Cは「収入は安定しているが時間がない」。いずれも「仕事以外の何か」をとことん磨くには不利です。「D：収入不安定×バランスNG」はいわゆる〝ブラック企業〟の仕事ですから、「仕事以外の人生の彩り」などと言っている余裕すらありません。

釣りバカのハマちゃんは「選ばれた人材」

では、希少なAの仕事の具体的イメージがどういうものかと言えば、本章の最初で触れた『釣りバカ日誌』のハマちゃんこと浜崎伝助がそうです。中堅ゼネコン会社「鈴木建設」に籍を置き安定した収入がある一方で、万年平社員とあって（課長代理などの経験はあり）、釣りの時間が仕事に奪われることはありません。この手の人材は通常、ダメ社員として冷遇されますが、ハマちゃんは直属の上司から信頼され、同僚からの人望もあります。

なぜこんなことが可能かと言えば、「実力」があるからです。誤解している人もいるかもしれませんが、ハマちゃんは、仕事における業務遂行能力はとても高く、表沙汰にはなりませんが様々な実績も積んでいます。このため上司は再三昇進を打診するのですが、本人に出世欲がなく首を縦に振らないだけなのです。

要は、今の日本でワークライフバランスを極め「仕事以外の何か」に生きがいを見出していくには、何のことはない、まず「仕事の才能」が必要、というわけです。

少なくとも今の日本では、極められそうにないワークライフバランス。このままでは「仕事以外の何か」で自信を付け、同窓会に行くことはできません。

そこで、ワークライフバランスを諦め、〝ライフ〟だけの人生にするという手はどうでしょう。例えば、若い頃から猛烈に働き一生遊んで暮らせる資産を築いてしまえば、もう〝ワーク〟は不要で、思う存分、「仕事以外の何か」に打ち込むことができます。荒唐無稽に思えるかもしれませんが、そういう人も現実に存在します。

人生から〝ワーク〟を切り離した人々

ワイキキビーチに打ち寄せるビッグウエーブ、遠くダイヤモンドヘッドにかかる七色の虹。51歳の杉山暢達氏は今、ハワイ・オアフ島にある別荘と日本を行き来する悠々自適の生活を送っています。

ファイナンシャル・プランナーという肩書はあります。金融業界に長く身を置いた経験を生かし、一般の人向けに金融知識を教える啓蒙活動をしているほか、著述業も手掛けます。ただし、ガツガツ稼ぐためではありません。仕事の目的は「社会とのつながりを保ち、自分の持っているスキルを生かして困っている人の役に立つため」(杉山氏)。少なくとも夫婦で90歳まで生活できる資産は既に確保しています。

杉山氏が今の暮らしを手に入れることができたのは、若い頃から周囲とは異なる発想で仕事に向き合ってきたからにほかなりません。「できるだけ早く、経済的な独立を達成する」がそれです。

中学生の時にはアーリーリタイアメントに憧れ、京都大学法学部に進学。「早く資産を蓄えること」を目標に就職活動しました。高給で知られた大手商社や国内金融を手広く受け、最終的には「3年目以降に給与の水準が桁違いになる」と聞いた世界トップクラスの金融機関、ゴールドマン・サックス証券（GS）に入社します。1989年のことでした。

実際、当時のGSの報酬は圧倒的でした。人にもよるものの「20代で1億円が目標」（別のOB）とされたほど。バブル最盛期とはいえ、確かに桁違いです。

ただその分、仕事は苛烈を極めました。朝6時には出社し、7時過ぎからの会議に向けた準備を始めます。職種柄、夕方からは毎日6時間の接待。深夜に自宅に戻り、再び翌日の準備。毎日の睡眠時間は3時間ほどだったそうです。

それでも杉山氏は仕事に向き合い、33歳の時にはボーナスを含めた年収は1億円を軽く超えると推定されるマネージングディレクター（MD）となります。35歳の2002年には株式と債券の営業統括部長として60人を率いる立場となり、気付けば子供の頃から夢に描いた経済的独立を果たすに十分な資産が貯まっていました。実際にGSから離れたのは2005年、38歳の時でした。

杉山氏のように、人生の早い段階で経済的独立を目指す生き方は、「Financial Independence Retire Early」の頭文字を取って、米国などではファイア(FIRE)ムーブメントとも呼ばれています。経済的独立さえ果たしてしまえば、「仕事以外の何か」に取り組む時間は十分手に入ります。米国などではシリコンバレーのミレニアル世代などを中心に、このファイアムーブメントが、自分らしい生き方の新潮流として拡大しています。

その火付け役はシステムエンジニアとして働いていたピート・アデニー氏。生活費を切り詰めつつ夫婦で貯金し、年間支出の約25倍が貯まった30歳の時に退職しました。車を持たず、家もコロラド州の安い地域を選んだため、3人家族でも60万ドル(約6600万円)の貯蓄で大丈夫だったそうです。

ラスベガスなどで教師として約10年間働いていたジョーとアリーのオールソン夫妻は、2015年6月に退職の道を選びました。

「やりたいことが数多くあった。好きな時に目を覚ます、いつでも旅行できる、子供を産むという自由が欲しかった。最高の人生を歩むためには新しい冒険を始める必要があると感じた」とアリーは打ち明けます。30代前半で貯蓄が100万ドル(約1億1000万円)に達して早期退職した彼らは、幼い娘を連れて世界旅行を楽しんでいます。

人生から〝ワーク〟をなくし、自分がやりたい「仕事以外の何か」を心ゆくまで楽しむ――。ファイアムーブメントの実践者たちが「今の自分に自信がない」などと言って、同窓会に不参加通知を出す姿はとても想像できません。あるとすれば、旅の最中で都合が合わないという理由だけでしょう。

しかし、そんな経済的独立にも問題点はあります。少なくとも今の日本では、ごく一部の人にしか選択できない戦略であることです。

最強戦略の最大の弱点は、なかなかできないこと

例えば夫婦2人子供2人の4人世帯で一定の生活水準を維持しながらアーリーリタイアするにはどれくらい貯金が必要なのでしょうか。フィナンシャル・ウィズダム代表でファイナンシャル・プランナーの山崎俊輔氏は「極めて単純に計算しても、50歳の時点で1億円の貯蓄が最低限必要」と説きます。

毎月の生活費を月40万円でやりくりしても年480万円。年金支給年齢の65歳までの15年で7200万円必要。65歳以降は年金支給が夫婦で月21万円程度。生活レベルを引き下げても月10万円の追加支出は避けられず、90歳までの25年間でも3000万円が不可欠――。合計1億円超がベースラインになるというのが山崎氏の試算です。

そして山崎氏は、「大卒で入社し50歳までの28年間で1億円以上の貯蓄を得るには年収を20代、遅くとも30代までに2000万〜3000万円まで到達させる必要がある」と続けます。起業成功者や一獲千金を果たした投資家、プロのアスリート、資産家などを除けば、こんなことができる職種は今の日本では限られています。

①外資系投資銀行

08年のリーマンショック後、逆風が吹いた業界ですが、今も圧倒的な高給職種。入社した年から一般産業平均の10倍近い年収を稼ぐ人もいるといいます。

②外資系コンサルティング会社

例えば、マッキンゼー・アンド・カンパニーやボストン コンサルティング グループ、ベイン・アンド・カンパニー。筆頭格であるマッキンゼーでは、「入社3年で年収1000万円、早ければ5年目で年収2000万円に到達する」（30代元社員）とのこと。外資系投資銀行のような破格なボーナスとはいかないものの、高収入業種の代表格です。

③M&A仲介会社

エグゼクティブの転職先として近年注目を集める業界。人手不足や後継者不足に苦しむ中小企業を探し、事業拡大にM&Aを進めたい同業他社に紹介する仕事です。大手のM&Aキャピタルパートナーズは平均年収2478万円。国内最大手の日本M&Aセンターも1319万円と大手商社に肩を並べる水準です。

④一部の高収入メーカー

日本企業であっても外資企業に負けない高収入企業はいくつかあります。ある大手メーカーに勤める山口努氏（31歳、仮名）も、ファイアリタイアメントを実現できる可能性のある稼ぎ手の一人です。

年収は約1500万円。会社の平均値を考えれば、まだまだ昇給余地は大きいとのこと。節約した生活であれば、40代のうちに貯金1億円も手が届きそうです。

年間100人の狭き門をくぐれるのか

ファイアリタイアメントが可能な4つの職種の共通項は、「高収入」「激務」「狭き門」です。最大の問題は3番目の「簡単に入社できないこと」で、とりわけ①〜②の場合、新卒入社は東京大学を頂点とするトップ校出身者が中心です。

「外資系投資銀行も外資系コンサル会社も、国内で採用するのはそれぞれ年間100人程度」（難関企業を志望する学生向けの就活支援サービスを手掛けるネクスベルの早川直樹社長）と言われています。

こうして本章の結論も見えてきました。

「仕事でなくても好きなことに打ち込み、それを極めている人は、人生への満足感も高くなり、自信を持って生きている」「よって『自分に自信がない』という理由で同窓会に参加しない人は少ない」——。ここまでの仮説が正しいとしましょう。

「仕事以外の何か」などなかなか見つからない

しかしそうであっても、現実に「仕事以外の何か」に本気で打ち込める環境に恵まれる人は非常に限られるのです。多くの人は、ワークライフバランスが存分に取れる希少な仕事に就くこともなければ、若い時期に富を蓄積し、経済的独立を果たすこともできません。

普通の人は、趣味にせよ子育てにせよ、自分に揺るぎ無い自信を与えてくれる「仕事以外の何か」などなかなか見つからないのです。

「仕事やりながら音楽まだ続けてるんだって？　いいなあ、『仕事以外の何か』を持ってる人生なんて憧れるよ」

「……（仕事も音楽も中途半端なんだよ…）」

「いやー人生いろいろあったけど、いつも心の支えは家族だったよ。子供をつくってよかったよ」

「……（俺は、娘と10年、ろくに口をきいてないよ…）」

「同窓会に行けない症候群」の原因として考えられる第四の仮説は「仕事以外の何か」が見つからなかったから」で、その背景には、「ワークライフバランスを実現しにくいこの国の労働・生活環境」がある、です。

経済的独立　自由研究

資産1億円ぽっちでリタイアする人の末路

コアプラス・アンド・アーキテクチャーズの　玉川陽介　社長に聞く

減らぬ残業、上がらぬ給料。日本企業の労働環境の悪化に歯止めがかからない中、自分と家族のため、相応の資産を早めに貯めアーリーリタイアを狙おうとするビジネスパーソンも少なからずい

るはず。そうした人たちが「引退する当面の目安」として、古今東西、漠然と掲げているゴールが「資産が1億円を超えること」だ。

だが、「40～50代で1億円程度の資産で引退すると、やがて苦境に立たされかねない」と警鐘を鳴らすマネーの専門家がいる。なぜ1億円もの資金がありながら、余裕を持ってアーリーリタイアできないのか。本当に安全に引退するには、いくらの資金が必要で、どのようなポートフォリオを組むべきなのか。資産運用のプロに話を聞いた。

玉川陽介（たまがわ・ようすけ）
1978年7月神奈川県大和市生まれ。1997年12月、学習院大学1年時にジイズスタッフを創業。2002年3月学習院大学経済学部経営学科卒業。米国留学を経て、2010年8月コアプラス・アンド・アーキテクチャーズを創業。『勝者1%の超富裕層に学ぶ「海外投資」7つの方法』（ぱる出版）、『海外ETFとREITで始める インカムゲイン投資の教科書』（日本実業出版社）など、著書多数。

――「1億円程度では、余裕のあるアーリーリタイアは難しい」とのことですが、にわかには信じられません。まず、「仮に今、手元に1億円があり、そのカネを元手に投資商品を購入し、その分配金や配当だけで暮らせ」と言われたら、資産運用のプロとしてどういうポートフォリオを組むか、提示してもらえますか。

玉川　現物不動産はなしですよね。

――できれば投資商品のみ、それも、ETFか投資信託でお願いします。

玉川　海外でしか購入できないものや、かなり専門的な商品を組み入れてもいいですか。

――大丈夫です。こう見えても経済誌のデスクを何年も務めていますし、略歴にも「資産運用は得意」と明記しています。オフショアでもヘッジファンドでもあらゆる金融商品をご活用ください。

玉川　分かりました。まずは1億円のうち3000万円はVXXのショートに使います。

――？

恐るべき最新金融工学の世界

玉川　残りの7000万円のうち6000万円はPFFもしくはPGXなどハイイールド債のETFに入れます。

――？？？

玉川　VXXとは「iPath S&P500 VIX Short Term Futures ETN」のティッカーで、VIX指数と連動するETNです。PFFは「iShares U.S. Preferred Stock

ETF」で、PGXは「PowerShares Financial Preferred」のことです。余った1000万円は、BDC業界最大の銘柄「Ares Capital Corporation」（ARCC）でも加えましょう。

——？？？？？

玉川　PFFなどは大体年率6％くらい出ていますからね。ARCCも9％近い配当が得られます。でも一番の柱はあくまでVXXのショートで、これは「Time decay」、つまり「オプション取引の時間的価値減少」を有効活用した戦略で…。

——先生、ストップ、ストップ！　参りました。まずVXX、VIX指数から教えてください（注：ここから先、少し難しい話になりますが、「働かず、投資信託の分配金でのんびり暮らしたいなあ」と思っている人には避けて通れない議論です）。

玉川　分かりました。ではまずVIX指数ですが、これはボラティリティ・インデックスのことで「恐怖指数」と呼ばれるものです。市場が恐怖を感じた時に上昇するものです。

——あ、それは聞いたことがあります。

玉川　VIXは指数ですから売買することはできません。このため、例えば

「VIX指数が上昇した時に売って下落した時に買い戻す」という取引がしたければ、VIX先物を活用することになります。VIX先物とは、VIX指数が将来の時点でいくらになっているかを予想するもので、日経平均先物と同じ概念です。

——分かる。ここまでは分かる。

玉川　シミュレーションでは1億円のうち3000万円をこのVIX先物を活用する投資戦略に投じるわけですが、VIX先物を直接取引するのでなく、VIX先物を詰め合わせたETNであるVXXを活用します。これがこの戦略の最大のポイントです。

——先物を直接取引するのも、先物を詰め合わせたETNを取引するのも同じことでは？

玉川　それが違うんです。VXXは、VIX先物の期近が約60％、期先が約40％で構成されています。期近を100％保有して中身の入れ替えをしないと、期日になると保有銘柄の全てが現金化されてしまい、運用が終わってしまいます。だから、常に中身を入れ替えることが必要です。具体的には常に、期先を買ってきて期近を売ります。

――まだ分かる。まだ大丈夫。

玉川　そしてここからがポイントですが、難しい話を省くと、ＶＩＸ先物の中身は、Ｓ＆Ｐ500先物オプションと非常に似ています。

――難しいですが、とりあえず「ＶＩＸ先物≒Ｓ＆Ｐ500先物オプション」だと。となるとＶＸＸは、「Ｓ＆Ｐ500先物期先のオプションを買ってきて、先物期近のオプションを売り続けているＥＴＮ」となります。あっ、なんか分かってきた気が…。

理論的には確実に結果を出す「魔法の商品」

玉川　そう、オプション価格は将来の不安に対する保険料の意味合いがありますから、期日が近づくと価値が落ちます。これがオプションの時間減衰効果です。

――遠い将来は何が起きるか分からないから、保険料は高くなる。明日のことは何が起きるか大体分かるから、不測の事態に備えた保険料は安くなる、と。つまり、ＶＸＸは、高く買ったものを、安く売り続けているわけですから…。

玉川　何もなければ、〝理論的には確実〟に価値は減衰し、価格は下落していきます。

――おお。だとすれば、ＶＸＸを売るのは、株や為替がどうあろうと、〝理論的には確実〟に儲かる投資となる！

玉川　統計上は毎月5％、年率65％下がるとされています。そこまで行かなくても、年間5割は下がる、つまり売っておけば毎年5割は儲かる、というイメージでしょうか。

――それって「夢の金融商品」じゃないですか！　このＶＸＸに３０００万円入れるんですよね。とすると年間１５００万円の利益。余裕のアーリーリタイアです。加えて７０００万円分のハイイールド債などへの投資もあるから…。

玉川　３つの投資商品がすべて毎年想定どおりに利益を生むわけではありません。時には想定を大きく下回る時もあるでしょう。それを踏まえても、毎年、手取りで９００万円程度は見込めるのではないでしょうか。

【これが最新版　1億円でアーリーリタイアするためのポートフォリオだ】

■　３０００万円

「iPath S&P500 VIX Short Term Futures ETN」（ＶＸＸ）のショート

■ 6000万円

「iShares U.S. Preferred Stock ETF」（PFF）

■ 1000万円

「Ares Capital Corporation」（ARCC）

――いずれも日本国内にいては簡単に買えないけど、通勤ラッシュやパワハラ・セクハラ地獄を抜け出し配当金で暮らせるなら、海外の証券会社に口座を開くことくらい楽勝、と思う人もいるはず。

玉川　もちろん、あくまでこれは机上の計算で、本当にこのプランで引退すると、場合によっては、やがて苦境に陥りかねません。

――え。

玉川　このポートフォリオの生命線であるVXXは、VIX指数（VIX先物）に連動するとされるETNです。そのVIX指数は、リーマンショックやチャイナショックなどの大きな経済変動があった時、暴騰することがあります。VXXを売っていると、そんな時、大きな損を出してしまいます。

無念、一回でも大きく毀損するとさようなら

――そりゃ恐怖指数ですからね。恐怖が来ればそうなるでしょうよ。でも、統計的には毎年5割ずつ下がっていくわけですから、一時的にハプニングでVXXが暴騰して損をしても、中長期的には得するんじゃないですか。

玉川　そう思いますか。急騰によってロスカットされたらどうなります。売りは損失青天井です。VXXが暴騰していけば、売り手の損失は限りなく膨らんでいきます。証券会社に入れている金額次第ではあっさり強制ロスカットされる場合もあります。急なショックで暴騰しても、事件が落ち着けば急騰したVXX価格は急落しますから、ロスカットさえされなければ含み損が出ても元に戻ります。でも、ロスカットされてしまうとそうはなりませんし、ポジションがない間にVXX価格が急落し元の水準に戻ってしまうと、元本を回復する機会も失われてしまいます。

――下手をすれば、3000万円が消えかねない、と。

玉川　投資商品のインカムゲインで食べていく戦略は、一度でも元本が大きく毀損すると回復不能になるというリスクがあるんです。それに仮に900万円首尾

よく利益が出ても問題があります。今の時代に40〜50代で1億円の資産を貯めるには、2000万円以上の年収を何年にもわたって続けなければ難しいと思います。そういう人たちは貯金額も多いですが、消費額も多い。「気分は富裕層」なんです。おそらく900万円程度ではいずれフラストレーションがたまるはずです。

——そんなもんでしょうか…。

玉川　そしてここが大事ですが、私が見ている限り、一度、アーリーリタイアした元会社員の多くは、二度と働こうと思わなくなります。そんな状況で元本が減っていったら…。

——そこから先は言わなくても、分かります…。うーん、だったらそんな難しい金融商品ではなく、もっと単純な作戦で行ったらどうでしょう。日本の証券会社でも馬鹿みたいな高配当を出している投資信託はたくさんあります。名前は出せませんが、「海外REIT（不動産投資信託）に高金利通貨、あとよく分かんないんですけどデリバティブ的な戦略を組み合わせたやつ」に、もうめんどくさいから1億全部でどうでしょう。VXXまで行かなくても30%ぐらい利回りが出ていますから、1億円入れたら3000万円、5000万円でも1500万円を超える分配金になるかと…。

【聞き手が考える妄想　これが1億円でアーリーリタイアするためのポートフォリオだ】

■1億円

「海外REITに高金利通貨、あとよく分かんないけどデリバティブ的な戦略を組み合わせたやつ」

玉川　全くお勧めできません。確かに米国REITに投資する投資信託などの中には、分配金利回りがとても高いものも少なくありません。しかしこれはおかしな話で、一般的に米国のREITは3～6％の分配金しか出ていません。このような過剰配当は「タコ配」と呼ばれています。

「宝くじで1億円当たっても引退するな」は本当

――タコが自分の足を食べているようなものだ、と。難しいですね。贅沢しなければ1億円でも何とかなるんでしょうけど、贅沢しない人はそもそも1億円を貯めていない、という話ですもんね。なら分配金でのんびり暮らすのはあきらめて、デイトレーダーならどうですか。

玉川　インカムゲインよりは可能性があるかもしれません。実際、私の周辺でも、株をやっている人の中には1億円程度の資産で、株取引しながら暮らせないかと検討する人はいます。ただ、株で成功し、今現在、1億円の資産を持っている人の大半は、アベノミクスに伴う株高で儲けた人で、その人が本当に株の実力があるかは未知数です。それにデイトレーダーとして十分な利益を上げ続けるには、会社情報を丸ごと暗記するくらいの気合と集中力が必要です。高齢になった時、その気合と集中力が持続できるかも心配です。

――どうやら宝くじで1億円当たっても引退するなという話は本当なんですね。

＊　＊　＊

経済的独立を遂げて「仕事以外の何か」を極めれば、少なくとも「自分に自信がないから」という理由で同窓会を欠席することはなくなる――。既にこう述べましたが、冷静に考えれば経済的独立といってもそのレベルは様々です。

何十億円の資産を持ち文字通り悠々自適の生活を送れる人も、保有している資産をフル活用しギリギリで暮らしている人も、ある意味では両者とも経済的独立者。しかし後者の道は、資産運営のプロフェッショナルの話を聞く限り、それはそれで険しそうです。あるいは、同窓会に参加する心の余裕がない人も少なくないかもしれません。

第五章

同窓会に行くための人生設計①

～職業選び編～

四章にわたって、多くの人が同窓会に行かなくなった事情を考えてきました。ここからは、これまでの議論が的を射ていたとして、ではどうすれば年を取っても堂々と同窓会に行けるかについて検討していきたいと思います。

ここまで見てきた、同窓会に行けない症候群が広がっている理由をまとめるとこうなります。

①平成の30年間の環境変化で多くの人が「仕事」で承認欲求を満たせなくなった。

②その結果、多くの人が自分に「自信」が持てなくなり、同窓会に行かなくなった（「仕事以外の何か」で自信をつける方法が現実的でないことは既に第四章で触れました）

だとすれば、問題を解決する有力な方法は2つあります。

①の解決：承認欲求を満たせる「仕事」に就く

②の解決：仕事がどうであろうと「自信」を失わない自分になる

まずは①、「同窓会に行くための職業選び」から考えていきましょう。

同窓会に行ける仕事の6条件

一般的に、仕事で承認欲求を満たす方法として思い浮かぶのは「会社で出世するか」「起業して成功するか」「『好き』を仕事にするか」のいずれかだと指摘してきました。しかし、いずれの方法も、今の時代は有効に機能しないことも、既に検証した通りです。

ではどうすべきか。結論から言えば、出世しなくても、特段成功しなくても、好きでなくても、仕事で承認欲求を満たすやり方は存在します。例えば、持続性、希少性、社会的ニーズ、非定型性、注目度、独立性の６項目が非常に高い仕事に就くという方法です。

Ⅰ　持続性とは、年を取ってもパフォーマンスを発揮し続けられること。たとえ華やかに見えても体力面などで若い時期しかできない職種は、年を取るにつれて仕事から得られる承認欲求が満たしにくくなります。年を取ると、うまくできなくなるからです。

Ⅱ　希少性は、誰にでもできる仕事ではないこと。簡単にはできないのですから、できる人は周りからは重宝がられ、承認欲求も満たされます。

Ⅲ　社会的ニーズが高い仕事が人から尊敬されるのは自明の理です。当然、承認欲求は満たされます。

Ⅳ　非定型性とは内容が単調でないことを指します。同じことを繰り返す仕事は飽きる上、往々にして希少性のない職種であることも多く、承認欲求を満足させるには不利に働きます。

Ⅴ　注目度が高い仕事は、常にみんなに（ほぼ羨望の眼差しで）見られるわけですから承認欲求を満たすことに直結するのは、これまた当然です。

Ⅵ　独立性とは、他人に振り回されないという意味です。例えば、他人の作業が終わらないと

幸福な仕事

高収入で心も健康、
承認欲求も満たされる

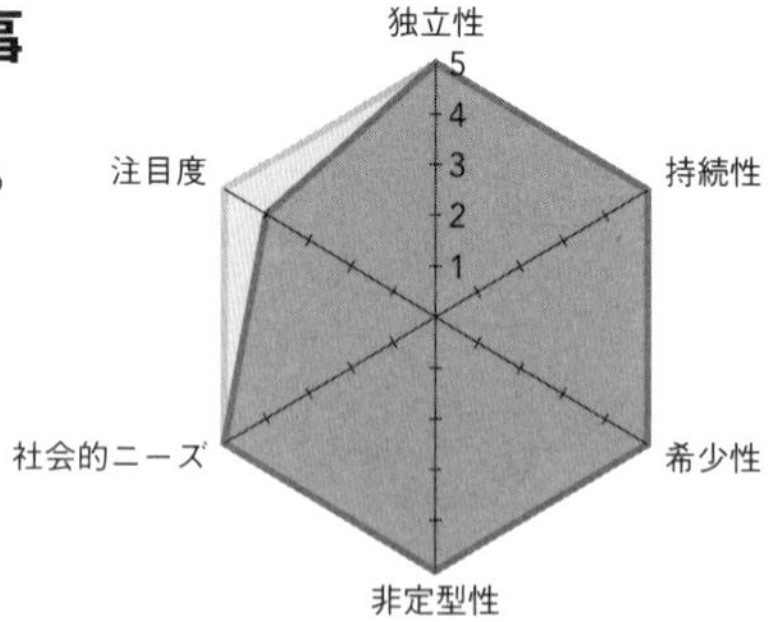

自分の作業を始められないような仕事は、時間管理もしにくく、承認欲求を満たすことに結びつきにくい性質があります。

持続性と希少性、社会的ニーズがあれば、価値のある貴重な仕事の従事者として、長期にわたって高収入を得ることも可能です。また、非定型性と独立性が十分ならば、仕事に飽きることはなく、人間関係によるストレスも少ないため心の健康も保ちやすくなります。つまり、上のような6要素から構成される六角形チャートの広がりが大きいほど、承認欲求も満たされ、高収入で心も健康でいられる理想的な仕事ということになります。

ただ、では「チャートが大きい仕事」とは具体的にどんな職業かと考えてみると、簡単には見つからないことが分かります。

例えば、公務員は持続性と社会的ニーズは間違いなく高いと言えます。しかし、役所の中でも定型業務中心で責任のない部署であれば、その他の項目は低くなります。今後、ＡＩ

不幸な仕事

ストレスがたまり
社会からも注目されず

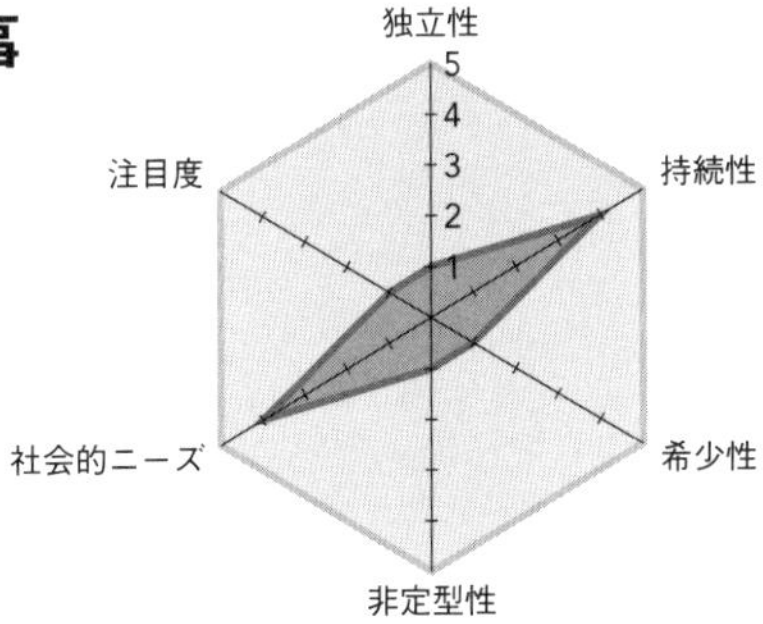

の導入で「定型的な公的業務をこなす人材」への社会的ニーズが減れば、六角形チャートは小さくしぼんでしまうでしょう。

また、人が羨む大企業の社員でも、やはり定型業務中心の部署に籍を置き、新しいことをせず、社内に閉じこもり不毛な会議に明け暮れていれば、チャートの広がりは小さくならざるを得ません。さらに、多くの人が憧れるスポーツ選手や有名人は、たとえ成功しても持続性に問題があります。

では、同窓会に堂々と行ける「幸福な仕事」は現実にはなかなか存在しないのでしょうか。

そんなことはありません。既存の職種から探し出すのは難しくても、近年、ＩＴやネット産業を中心に進む技術革新によって生まれている「新しい職業」の中には、大きな六角形を持つ職種が散見されます。その一例を見てみましょう。

同窓会に行くための新職業①

ホワイトハッカー

いつの時代でも「食いっぱぐれる」ことのない職業の1つが、社会を支える仕事です。その人がいなければ世の安定が保てない――。そんな人材になれば、収入もやりがいも付いてきます。ただ、これから先の社会のインフラを支える仕事は、現代社会のそれとは相当異なります。

茨城県在住の大学生A氏は卒業を控え、アルバイトにいそしむ毎日です。仕事場は自宅で道具はパソコンとインターネット。ですが、仕事の内容は、「データ入力代行」などよくある在宅ワークとは2つの点で大きく違います。1つは顧客が主に米国企業であること。もう1つは1日の報酬額が

ホワイトハッカー　［White Hat Hacker］

➡サイバー社会安定の要

推定年収	○　2000万円以上（一流クラス）
持続性	◎　100歳でも従事可能
希少性	◎　将来的に確実に不足
注目度	◎　ネット界ではヒーロー（一流クラス）
社会的ニーズ	◎　企業・国家防衛の切り札に
非定型性	◎　同じ仕事内容、2つとなし
独立性	○　1人でも成立する商売

20万円を超える時もあることです。

A氏は、機密情報の漏洩などにつながる企業システムの抜け穴などを発見する「ホワイトハッカー」（正式名称ホワイトハットハッカー）の卵。取材の数日前も「特殊な加工をした画像をアップロードすると想定外の動作が起こる」という某企業のウェブサイトの〝バグ〟を発見し報告したとのこと。近くまとまった額の報奨金が振り込まれる見込みだそうです。

この仕事の最大の魅力は、これから社会的ニーズが膨れ上がることです。

既にサイバー攻撃は世界中で加速度的に増加しており、2017年、日本国内だけで1504億件が確認されました（情報通信研究機構調べ）。世界の上場企業約4万6000社の総損害額は16年だけで、約3兆9000億円（米トレンドマイクロの調査を基に推計）。国防システムさえも標的になっており、国の安全すら脅かされません。

こうしたサイバー攻撃を企業や国が自衛できれば問題はありません。が、それができる人材は限られます。

多くのホワイトハッカーは、企業システムに「仮の攻撃」を仕掛け脆弱性を見つけ出していきます。つまり、企業に悪意の攻撃を仕掛ける「ブラックハッカー」の手口を熟知していないと成り立たない商売なのです。実際、米国などでは、札付きだった元ブラックハッカーがホワイトに転身し活躍している事例がいくつもあります。

「そのほかにも英語能力はもちろん、インターネット技術やブラックハッカー組織の出方を読む心理学的知見も必要」（セキュリティー診断サービスを提供するベンチャー企業の調査担当者）です。

このため、そう簡単になれる仕事ではありませんが、ひとたびその道のプロになれば、先のない旧態依然の既存企業に入ったり、あてどなく起業したりするより、将来有望なのは間違いありません。

「同窓会に堂々と行ける幸福な仕事」のトップバッターは、このホワイトハッカーです。

同窓会に行くための新職業②

人工肉クリエイター

ホワイトハッカーは、サイバー空間という「新しい世界」が出現したことで誕生しました。新たな世界ができれば、新世界を構築・安定させるインフラ的人材が渇望されるのは当然です。しかし、社会的ニーズが今後高まる「未来社会のインフラ」的職業が出現する場所は、デジタル空間だけではありません。

例えば、「未来社会に確実に起きること」として懸念されているのが、食肉需要の急増です。三井物産戦略研究所の試算では2030年には、11年比で4割増の3・9億トンに上ります。従来の畜産業ではこの需要に応えるのは困難です。

そこで間違いなく脚光を浴びるであろう新職業が「人工肉クリエーター」です。

そんなSFの世界の仕事が本当に出現するのかと疑う人もいるかもしれません。が、米国ではビル・ゲイツ氏ら著名実業家が人工肉の開発に投資。日本でも、東京都新宿区に本社を置くインテグリカルチャーが、人工肉の製造コストを従来の100分の1に抑制する技術を開発したことで注目を浴びています。

同社の羽生雄毅社長は幼少期から無類のSF

人工肉クリエーター　［ Artificial Meat Creator ］

➡世界人口90億人時代の救世主

推定年収	▲　将来的に平均2000万円以上?
持続性	◎　研究できる限り従事可能
希少性	◎　先行企業は世界で5 社程度
注目度	◎　ビル・ゲイツ氏も注目する分野
社会的ニーズ	◎　人口90億人時代に不可欠
非定型性	▲　次々に肉を〝デザイン〟
独立性	▲　個人でも大産業の主役に

好き。フィクションを現実にする方法を求め、英オックスフォード大学や東北大学、東芝を渡り歩き、バイオ技術を研究してきました。最終的に狙いを定めたのが「ドラえもん」で登場した人工肉。会社設立は15年のことです。

細胞を培養液で育てることで肉を作るという人工肉のコンセプトは「19世紀から発案されていた」（羽生社長）といいます。しかし、牛など生体から入手する、培養液に必要な血清や成長因子が高額で、13年にオランダの研究者が試作した人工肉ハンバーガーの価格は３５００万円に上ったそうです。

そんな人工肉の世界でコスト破壊を狙うのがインテグリカルチャーで、高額だった成分をスポーツドリンクや卵黄から取り出したり、人体の臓器と循環系を模した培養方法を取り入れたりすることで成分を自製する技術を保有しています。農林水産省系のファンドなどから3億円を調達。20年代半ばまでに量産効果でさらにコストを圧縮し、フォアグラの人工肉を一般販売する計画です。

「近い将来、巨大な人工肉産業が生まれる」と羽生社長。そんな新産業の中核にいるのが人工肉クリエーター。羽生社長によると、現在、世界で人工肉を開発しているのはまだ5社程度だそうです。

同窓会に行くための新職業③

ドローン制御技師

今はなくても近未来には社会的インフラとして当たり前のように普及しているものは、まだまだあります。ドローンです。

深夜のビルを守るのは警備員ではなく、1台のドローン。オフィスの中をゆっくり進み、人間を見つけると撮影しながら社員証の提示を求める。画像認識AI（人工知能）が判断した社員情報と社員証のデータが一致すれば、残業申請の有無を確認する。そんな風景の実現もすぐそこまできている――。

そう思えるぐらいドローンは今、急速な普及の兆しを見せつつあります。中国メディアによれば、

ドローン制御技師　［ Drone Safety Manager ］

➡無人飛行の安全を守る

推定年収	▲　年収1000万円以上
持続性	○　高齢でも従事可能
希少性	○　将来的に引く手あまた
注目度	▲　いずれは子供のあこがれに
社会的ニーズ	◎　2025 年に国内市場4000 億円
非定型性	▲　活用現場ごとに様々な課題
独立性	○　個人事業主としても活動可能

ドローンの最大手メーカーである中国DJIの2017年の売上高は180億元（約3060億円）。日本でも16年度に国土交通省が「i-Construction推進コンソーシアム」を立ち上げ、ドローンを使った建設現場の効率化を進めています。そして、そうなれば確実に注目を浴びるであろう花形職業が「ドローン制御技師」です。

ドローンが流通や点検といった業務で使われ始めれば、その安全性を確保することが一層重要になります。町中で制御を失って墜落すれば様々な被害が予想されるからです。「ドローンの整備をする仕事はこれから特に増える」と、ドローンに特化した投資ファンド「ドローンファンド」の千葉功太郎氏は話します。

制御技師のほかにも、専用のソフト開発や部品製造、ドローンを使ったビジネスを企画・運営する仕事などにもビジネスチャンスがあります。一方で既に注目を集めている操縦士については「希少性が長期的に維持できない」との見方を持つ専門家が多いとのこと。今から目指すなら、パイロットより〝裏方〟が吉と言えるかもしれません。

いずれにせよ、「25年には人間の数より多く飛び交っている可能性がある」（千葉氏）と予測する専門家もいるほどのドローン市場。ドローン関連の仕事が引く手あまたの職業になっていくのは間違いなさそうです。

同窓会に行くための新職業④

データサイエンティスト

町の上空をドローンが飛び交う近未来には、ありとあらゆるデータが企業や家庭を駆け巡る世界になります。そんな時代に求められるのが、製造業から小売業まで様々な産業でビッグデータと呼ばれる膨大な情報を解析する「データサイエンティスト」です。

機械が故障する可能性を予測したり、より効果的な販売促進キャンペーンを実施したりする際に力を発揮する彼ら。それはこれまで紹介した新しい仕事と異なり、既に職業として一般化しつつあります。例えば自動運転分野でトヨタ自動車と提携したアルベルト（東京・新宿）――。データ解析

データサイエンティスト　［Data Scientist］

➡既に不足する新・産業のコメ

推定年収	◎　1000万～2000万円以上。それ以上も
持続性	◎　力量次第で年を取っても最前線
希少性	◎　既に足元で不足顕在化
注目度	◎　若い世代の新・人気職業
社会的ニーズ	◎　様々な業界で幅広いニーズ
非定型性	◎　多様な分野で異なるプロジェクト
独立性	○　個人のスキルを発揮しやすい

を手掛けるベンチャーで、100人を超えるデータサイエンティストを抱えています。「自動運転でほかのクルマや人間などの物体を認識する精度を向上させてほしい」(自動車メーカー)、「ある製品がどれくらい売れそうなのか、正確に予測できるモデルを作ってほしい」(小売業)。こうした依頼がアルベルトには次々と舞い込んできます。

「データ解析は宝探しのようだ」

「多様な分野のプロジェクトがあるので飽きない。データを解析してみると仮説と違った意外な結果が見つかることも多く、宝探しのようだ」。データサイエンティストという仕事の醍醐味について、同社データソリューション部の青木健児副部長はこう話します。

企業経営におけるビッグデータの活用が加速していることもあり、早くも人手不足が顕在化しているこの仕事。日本国内では2万人が不足しているとされています。

実際、人材サービスのビズリーチによると、17年のデータサイエンティストの求人数は前年に比べ1・6倍に増加。2000万円クラスの高年収の求人も目立っている状況です。

同窓会に行くための新職業⑤

サイボーグ技術者

データ分析が発達した結果、人々の生活が快適になり、企業活動が効率化されても、人間は老化という宿命からは逃れられません。しかし、近未来にはテクノロジーの発達で、少なくとも「老いの苦しみ」は軽減します。ＳＦのように人間が機械化していく世界は当分先でも、足腰が弱った高齢者たちが若者のように活動できる世界はすぐそこまで来ています。

東京・豊洲にある「新豊洲Ｂｒｉｌｌｉａランニングスタジアム」。世界を目指すアスリートも利用するこの陸上競技施設は、パラリンピックを目指す義足のアスリートたちの有名な練習場でもあ

サイボーグ技術者　［ Cyborg Engineer ］

➡高齢化社会の手足を作る

推定年収	▲　将来的には1500万円以上も
持続性	○　情熱の続く限り何歳でもできる
希少性	○　独立系開発チームは世界で20程度
注目度	○　パラスポーツにより今後、知名度上昇
社会的ニーズ	◎　高齢化・多様化社会の縁の下の力持ち
非定型性	◎　ユーザーと共にたゆまぬ試行錯誤が必須
独立性	○　少人数での作業中心。しがらみ少ない

ります。

「人間の足をそのまま機械でまねしようとすると、効率が悪くなる。だから目的に特化したものをつくり、適宜付け替えた方がいい」。そう話すのは新豊洲Ｂｒｉｌｌｉａランニングスタジアムに拠点を置く陸上競技用義足の開発企業、Ｘｉｂｏｒｇ（サイボーグ）の遠藤謙代表です。現在は、日常生活において自然な足の動きを実現する電動式のロボット義足や、健常者が足に装着する外骨格型の補助器具の開発も始めています。

高齢化が進行する中では、歩行アシスト技術は今後ますます重要性を増していきます。糖尿病などが原因で足の切断に至るケースは年間１万件以上。自然な老化により、〝引きこもり化〟していく人も今後増えかねません。遠藤氏の取り組みはそうした高齢者にとっても希望になるはずです。

いずれ歩行アシストのみならず、身体の様々な部分を機械で補完する「サイボーグ」時代も来るかもしれません。そうなれば、Ｘｉｂｏｒｇのような企業を核にサイボーグ産業が勃興するのは確実で、その中心にいるのは「サイボーグ技術者」です。個人で義手の開発を手掛ける小笠原佑樹氏もその候補の一人。大学生ながら企業からの受託開発も手掛け、オリジナル義手「クラフィン」の開発も始めました。

「イメージに反して、実際の開発は泥臭い作業ばかり。それでもこの道を目指すというのであれば、機械・ロボット工学のみならず、コンピューターサイエンスやバイオメカトロニクスといった複数の領域を横断的に学ぶべき」と遠藤代表は話します。スケッチや工作、3Dモデリングなどの製作スキルはもちろん、ユーザーに向き合うコミュニケーション能力なども、この仕事に必要な資質と言えそうです。

同窓会に行くための新職業⑥

eスポーツプレーヤー

「同窓会に堂々と行ける幸福な新職業」に就くには、ITをはじめ最新技術に関する知識を学ぶことが不可欠――。ここまで読んでそう思われた方がいるとすれば、それは誤解です。例えば、eスポーツプレーヤー。「好き」を仕事にすることは難しいと第三章で指摘しましたが、ここから先の時代は変わってくるかもしれない。そんなことを予感させる新職業です。

「パソコンに熱中するならまだいい。うちの子はゲームをしてばかり。将来は暗い」。そう嘆く親御さんは、「今の時代、ゲームをとことん極めれば年収1億円も夢でない」という現実をご存じでしょうか。かつては遊びにすぎなかったゲームですが、最近は、プロの選手が技術を競う「スポーツ」として脚光を浴びるようになっています。通称ｅスポーツ。２０１８年２月には日本ｅスポーツ連合（ＪｅＳＵ）が発足し、81人がプレーヤーとして登録済みです。

たかがゲームと侮ってはいけません。欧米では巨大なスタジアムで数万人の観客が集まる大会が開催され、熱戦の様子は全世界にオンラインで中継。各大会における賞金総額は１億〜10億円規模になるケースもあります。専門サイトによると世界のｅスポーツの獲得賞金総額でトップ10の選手は２億〜４億円を既に獲得。トップ50の選手は軒並み１億円以上の収入を得ており、一流アスリート並みです。

格闘ゲームを得意とする梅原大吾氏はその先駆

eスポーツプレーヤー ［ eSports Player ］

➡報酬は一流アスリート並み

推定年収	▲	1000万〜1億円以上も
持続性	▲	リアルスポーツより長い選手寿命
希少性	○	国内登録プレーヤーはまだ81人
注目度	◎	五輪競技になる可能性も
社会的ニーズ	▲	スポーツ観戦に並ぶ新娯楽へ
非定型性	○	対戦相手ごとに無数の戦略必要
独立性	◎	基本は個人で勝負

けです。1998年、17歳で格闘ゲーム世界一の座を手中に収め、その後も国内外の大会で何度も優勝。伝説のゲーマーとして海外にも名を轟かせるようになりました。

2010年にプロになって、世界中を転戦しており、ドイツなどで開かれた「ストリートファイターV」の世界大会で優勝しています。梅原氏以外にも、日本には年間数千万円を稼ぐプレーヤーが複数おり、「今後2～3年以内に1億円クラスの日本人も出る」（梅原氏）とみられています。

同窓会に行くための新職業⑦

インセクトブリーダー

eスポーツプレーヤーのような、趣味を究極まで磨き上げた仕事はまだあります。珍しい昆虫を飼育して愛好家に販売する「インセクトブリーダー」もその1つです。

「カブトムシの王様」と呼ばれるヘラクレスオオカブト。中南米原産で全長が最大170㎜を超える巨大なカブトムシで、昆虫マニアの憧れの的です。

この昆虫を飼育する名人が宮崎県延岡市にいます。ブドウ農園を営む河野博史氏です。16年に当時としては世界最大級の174㎜の「ヘラクレス・ヘラクレス」という種類の羽化に成功したことが話題になりました。

現在は、自ら育てたヘラクレスオオカブトを「HirokA(ヒロカ)」というブランドでインターネットオークションなどで販売。昆虫の展示会などのイベントではサインを求められることも多い人気者です。

オスの個体は「大きいものでは30万円の値が付くことがある」(河野氏)といい、通常は3万〜5万円程度で取引されています。河野氏は幼虫から成虫まで1000〜2000匹程度を自宅に近接する建物で常時飼育しており、年間の総販売額は1000万円以上にも達するそうです。

インセクトブリーダー　[Insect Breeder]

➡カブト御殿も夢じゃない

推定年収	▲　1000万円以上も可能
持続性	◎　年を取るほど経験が生きる
希少性	○　大型飼育者は国内でもわずか
注目度	○「昆虫人気」で子どもの憧れ
社会的ニーズ	▲　台湾、香港海外からも注目
非定型性	▲　個体ごとに対応が必要
独立性	○　個人経営が圧倒的に多い

原産地と気候が大きく異なる日本で外国産のカブトムシを飼育するのは簡単ではありません。産卵させる土の配合や発酵などの管理。さらに幼虫が育つのに適した温度制御が必要になります。「片道3時間以上かけて、熊本県にある昆虫ショップに何十回も通いつめ、そのオーナーにいろいろ教えてもらった。その上で、自分で様々な工夫をして試行錯誤を重ねて飼育ノウハウを磨いた」。河野氏はこう振り返ります。

「昆虫飼育」も、つい10年前まで趣味の領域にあったものです。以前から国産のカブトムシやクワガタムシを飼育する業者は存在していましたが、一般的な小売価格は数百～数千円程度でした。

趣味が高収入商売に変わった背景は何か。それは、ネットの普及に伴うＣｔｏＣ（個人間取引）の爆発的な拡大です。

どんな分野にもマニアはいます。珍しい昆虫を飼いたいと思う人もその例外ではありません。ただ彼らはマニアであるがゆえ、数は少ない。ネットとＣｔｏＣの発達は、世界中に細々と散らばるそうしたマニアを束ね、１つの巨大市場にすることを可能にしたのです。

こうしたＣｔｏＣの市場は原則、マーケティングや中間流通のための費用がほとんど発生しません。消費者の支払う報酬をダイレクトに手に入れられるからその分、高収入商売にもなり得るのです。

同窓会に行くための新職業⑧

オンライントレーダー

「稼げる新職業」の特徴の1つは、在宅で可能な仕事が多いことです。オンライントレーダーも同じです。

東京都港区にある都心のビル街を眼下に眺めるタワーマンション。床面積100㎡程度で、1カ月の家賃が100万円以上するこの高級物件に、株式のオンライントレーダー、テスタ氏（ハンドルネーム）の職場兼自宅があります。

投資で1億円以上の資産を築いた人は「億り人（おくりびと）」などと呼ばれますが、彼の場合はケタが違います。累計で25億円以上の利益を出し、17年だけで8億円も資産を増やしたそうです。

オンライントレーダー ［ Online Trader ］

➡電脳世界の勝負師

推定年収	▲ 1000万～3億円以上
持続性	▲ 年齢のハンデはなし、気合と集中力は必要
希少性	▲ 相場を動かす影響力を持つ人はまだ希少
注目度	○ 職業として若い世代にも志望者広がる
社会的ニーズ	▲ 企業の資金調達手段の1つに
非定型性	○ 様々な環境変化への対応が必要
独立性	◎ 完全な個人プレーで勝負する

投資スタイルは1日に何回も取引するデイトレードが中心。「スキャルピング」と呼ばれる手法を得意とします。数銭から数十銭というわずかな利幅を狙い、数秒から数分といった短時間での取引を何百回も繰り返して利益を得る手法です。こうした取引は以前は、最新IT設備を導入した証券会社でないと難しいものでしたが、高性能パソコンと高速インターネットで個人でも同様の環境を作れる時代になり、状況が一変しました。

「日本は汗水流してコツコツ働くことがすばらしいという考え方があり、投資家のイメージは悪い。だが株式市場がないと経済は成り立たない。米国など海外では個人投資家の存在感が大きい」。テスタ氏はこう強調します。

趣味が高じて億万長者などとんでもない。仕事とは、ストレスに耐え、艱難辛苦を乗り越えてこそ価値があるもの——。多くの日本人が持つそうした古い職業観は、少なくともネットとCtoCの爆発的進化によって、時代遅れになりつつあるのかもしれません。

幸福な新職業は6条件もクリアする

以上、「同窓会に堂々と行ける幸福な新職業」の一例を見てきました。

ここで改めて、同窓会に行ける仕事の6条件を思い出してみてください。これまで紹介した新職業の六角形チャートがいずれも大きいことが分かるはずです。

ホワイトハッカーはスキルさえ磨き続ければ１００歳でも現役でいられるし、ｅスポーツプレーヤーは、肉体に依存するリアルのアスリートより選手寿命はずっと長いと言えます（持続性）。人工肉クリエイターは現在世界で５社しかなく（希少性）、ドローン制御技師の関連市場は今後確実に膨れ上がります（社会的ニーズ）。

データサイエンティストは１００の依頼があれば全く同じ内容は二つとなく（非定型性）、既に若い世代では大人気の職業です（注目度）。インセクトブリーダーを始めとする多くの新職業は、個人や小規模なチームで従事可能な「他人に振り回されにくい仕事」でもあります（独立性）。

こうした新職業はここで紹介した８つに限りません。左ページの表にまとめましたので参考にしてください。

古い常識を信じ続ける大人は少なくない

さて、ここまで展開してきた「新しい職業選び」については、納得がいかないという方も少なからずいると思います。安定した人生を歩むには、有名大学を出て一流企業に入社するか、公務員になるか、医者や弁護士など「従来型の稼げる職業」に就くこと――。産業構造の転換が進

まだある稼げる新職業の例

社会インフラを担うと予想される新職業

仮想空間創造師	年収2000万円以上	VR（仮想現実）コンテンツを作る仕事。VR関連市場は、2025年には世界で274兆円までの拡大が見込まれるという試算もある
クラウドファンディングコンサルタント	800万円以上	インターネットを活用して、不特定多数から資金を集めるクラウドファンディングを支援する
コミュニケーションデザイナー	400万～3500万円	SNSや既存のメディアを通し、企業の訴えたいメッセージがターゲット層に効果的に届くように情報を発信する方法を企画する
ランドスケープアーキテクト	トップは1000万円以上	公園など屋外空間を中心にデザイン。科学的見地から地域の自然環境を整備、地域の価値を高める仕組みづくりも主導

趣味のスキルを伸ばすことで稼げる新職業

Vチューバー	現段階で年収1200万円も	モーションキャプチャーやCG技術を駆使し、自ら作ったキャラクターをユーチューブ上で操り、トークや歌、ゲームの腕前を披露
コミュニケーションAI開発者	将来的に1500万円以上	一緒に生活する際の安心感の実現を目指すAIを開発する仕事

AI時代も人間が担う伝統職業

IoT農家	年収1000万円以上	各種センサーで温湿度や光量、酸素・二酸化炭素濃度などのデータを監視し、ハウス内の環境を自動制御する次世代型農家
相続解決人	1000万～1500万円	相続のトラブルの防止・解決に特化した士業。戸籍や税務など幅広い法律知識、遺産分割の公平性を見極める

む今も、そんな古い常識を信じ続ける大人は少なくないからです。しかし、未来の日本を支える金の卵たちは、新職業の重要性を既に認識していることが「日経ビジネス」の2018年の調査で明らかになりました。

実施したのは、東大・京大合格者を多数輩出している「超一流高校」での将来の職業への意識調査です。回答してくれたのは、麻布高校（東京・港）、渋谷教育学園幕張高校（千葉市）、聖光学院高校（横浜市）の現役生徒319人。アンケート対象に高校生を選んだのは、就職を目前に控えた大学生や、目の前の仕事に追われている大人より、むしろ社会の変化やこの国の将来を冷静に見据えていると考えたからです。

エリート高校生の3人に1人は新職業に関心

現時点では、いずれも官僚や医師、弁護士、有名企業の社員として活躍するOBが多い高校ばかりです。しかし「既存職業と本誌が選んだ新職業、どちらにより大きな希望・関心を抱く」という問いに回答した生徒の30・2％は、従来型の花形職業よりも、新職業に関心を抱いていました。

とりわけ、開成高校（東京・荒川）、武蔵高校（同・練馬）と並ぶ男子御三家の一角で、2018

年も98人（全国3位）の東大合格者を輩出した麻布高校は、理系生徒に限れば、およそ2人に1人が新職業に興味を示しました。

新職業の中でも、特に人気が高かったのは、ＡＩブームで既に求人が過熱しているデータサイエンティストで26％の生徒が関心を抱いていると回答。続いたのは株式や仮想通貨のオンライントレーダー（22％）、そしてｅスポーツプレーヤー（16％）。いわばデジタル時代の科学者、投資家、アスリートが、「3大人気新職業」となりました。さらに、コミュニケーションデザイナー（13％）や、インターネット上の資金調達を支援するクラウドファンディングコンサルタント（9％）も上位に食い込んでいます。

こうした一流校では、受験科目の授業もさることながら早い時期から様々な働きかけをして「自分が将来、どう生きていくか」について生徒に深く考えさせます。その意味で、普通の社会人よりはるかに、「これから起きる社会の変革」について高い意識を持っていると言っていいかもしれません。

おそらく彼らの中の少なくない数の人が、従来の〝職業の常識〟にとらわれず、「持続性」「希少性」「注目度」「社会的ニーズ」「非定型性」「独立性」が高い「稼げる新職業」に就くでしょう。そして、20～30年後の同窓会で旧交を温めるのではないでしょうか。

海外から来て日本を壊し始めた集団の末路

"ある集団"に詳しい小菅康弘氏に聞く

グローバル化が進み、ヒト、モノ、カネ、情報がボーダレスで移動する時代。ある国で育った集団が、国境を越えて別の国に移り住むことも珍しくなくなった。だがそうした集団の移動は往々にして軋轢を生む。移り住んだ国で勢力が拡大し、食生活などの違いからその国の環境を破壊してしまうなどの結果、敵視されて差別を受けたり、当局の規制の対象になってしまったりしたケースも少なくない。今の日本にも海外から来て日本の環境などを壊し、当局から規制の網を掛けられようとしている「ある集団」がいる。どうすれば彼らと共生することができるのか。専門家に話を聞いた。

小菅康弘（こすげ・やすひろ）
特定非営利活動法人カメネットワークジャパン代表理事。子供の頃にテレビで見た大怪獣ガメラに魅せられ、以来カメ好きに。東邦大学理学部在学中に、ニホンイシガメとクサガメの生態研究に着手。その後、1年間ニュージーランドにて、森林復活プロジェクトなどに参加し、外来種対策を実地で学ぶ。帰国後、2005年、ニホンイシガメの生息地保全を目的に、NPO法人カメネットワークジャパンを設立。現在では国際環境NGOアースウォッチ・ジャパンの支援を受けて、ボランティアと調査を継続している。

――一部の先進国に比べ日本はまだ、ヒト、モノ、カネの移動に対する障壁は比較的高いはずなのですが、その集団が日本に移り住み始めたのはいつ頃からなのでしょう。

小菅　戦後すぐです。1950年代から本格的な移り住みが始まり、80～90年代には既に日本国内でかなりの勢力を築き上げました。日本に連れて来られた理由は、企業や事業者にとって低コストだったからです。

――それが今では勢力が拡大し過ぎてしまい、近い将来、当局により規制の対象になる可能性があると聞きます。

小菅　2015年に当局が彼らを規制の対象にすべくプロジェクトを立ち上げています。規制が本格化すればこれ以上、日本に来るのは不可能になります。これまでも何度か規制の対象にすべきだという議論はあったのですが、彼らによって「経済が回っている側面」もあり、様々な利害関係から話が進まなかったようです。米国からの外圧もあったと推察されます。ちなみに欧州とオセアニアの一部には彼らはもう入国することができません。また、当局の中では、彼らだけを規制しても、結局、別の集団が入ってくるから規制に意味はないという慎重論もあったようです。彼らを日本に招き寄せている勢力からの圧力もあるのかもしれません。

当局からもマークされる国内一大勢力

——彼らはそんなに日本の治安を揺さぶるようなことをしているのですか。

小菅　数が多いこともあって、食生活の違いなどから日本の環境を壊し始めています。とても丈夫で繁殖力が強いのも特徴です。

——国のアイデンティティが崩れかねない、と。ただ、子供の頃は可愛いですよね。

小菅　可愛いです。でも大人になると雰囲気が変わってきます。長生きするので、最近は日本で彼らを受け入れた人が先に亡くなった場合、誰が面倒を見るのかという問題も取り沙汰されるようになりました。

——セーフティーネット、社会保障問題的な側面もある、と。もともと彼らの出身地はどの辺りで、最近の流入にも歯止めがかからないのですか。

小菅　米国です。戦後どんどん移り住み、ピークの1990年後半には100万近く来日し、今も年間10万は日本に来ていると聞きます。ある調査では、国内に

180万が暮らしているとか。

――180万！　そんな話、多くの国民は聞かされていませんよ！

小菅　180万は家庭にいる集団の数字で、国内全体にはもっと多く、約800万と推定されるデータもあります。

――うーん。非常に深刻な問題ですね。1950年代から日本に輸入され、昭和の時代には〝夏祭りの屋台の定番商材〟として「色つきヒヨコ」と並んで子供たちに大人気を博し、その後、飼い切れなくなった飼い主に野外に放されたことによる「水辺の環境破壊」が問題となり、2015年、環境省から特定外来生物の候補として指定された「ミドリガメ」（アカミミガメ）の問題は！

小菅　全くです。

――若い人たちの多くは「ミドリガメ」と言ってもピンとこないようなんですが、特定非営利活動法人「カメネットワークジャパン」で代表理事を務める小菅さんであれば、当然、愛着のあるカメの1つだと思うんですけど。

小菅　もちろんです。私が子供の頃は、縁日に行けば、必ずミドリガメが売られていました。

――そこで最初の質問なのですが、戦後、ペット業者や祭りを仕切る「的屋業界」

はなぜ同じカメでもミドリガメに着目したのでしょう。

小菅　私も当時の事情には明るくないのですが、既に申し上げた通り、安さが挙げられると思います。ミドリガメの多くは米ミシシッピ州の養殖所から輸入することが多いのですが、孵化して間もない小さな幼体が持ってこられるんです。

綿菓子にも負けない最強の〝祭り商材〟？

――コンパクトで輸送費が安い。まずは「低コスト」が魅力、と。となると、利益率も高そうです。当時、1匹幾らぐらいでしたっけ？

小菅　数百円程度と記憶しています。

――とすると、小さな幼体を大量に輸入すれば、屋台の中でも高い利益率と言われる「綿菓子」などよりも、旨味のある商売である可能性もありますね。他に、ペット産業や的屋の方々が好んだ理由は考えられますか？

小菅　これも既に言いましたが、丈夫で飼いやすいことも大きいと思います。極論すれば、餌を与えなくてもなかなか死にませんし、日本の冬も平気で乗り越えます。脂肪を甲羅の脇にあるブリッジという部分にため込めるんです。

――5㎝くらいまでは商品になると思うんですけど、孵化してからそのぐらいになるまでどのくらいかかりますか？

小菅　1年くらいでしょうか。

――日本に祭りは沢山ありますし、1年もあれば売り捌けるでしょう。「在庫管理のしやすさ」も長所の1つ、と。

小菅　あと、やっぱり可愛いですよね。色鮮やかで。

――「商品として魅力的な外見」もチャームポイントというわけですね。さて、そんなミドリガメたちが増え過ぎてしまって日本の環境を壊し始めている、とのことですが、どういうことでしょうか。

小菅　原因は、飼い切れなくなった飼い主に野外に放されたことです。池や川に放されたミドリガメは水草や水辺の植物を食べます。そうすると日本の水辺の環境自体、壊れますし、そこに暮らす水生昆虫への影響も大きい。アシとかガマといった抽水植物も好みで、トンボやヤゴなどの生態系にもダメージを与えています。

――ペット店や縁日で買ってきたミドリガメを多くの人が、育て切れずにリリースしてしまうのはなぜですか。

小菅　一つは、想像以上に大きくなってしまうことだと思います。1年程度では5cmくらいでしょうが3～4年で10cmを突破し、最大でオスは20cm近くまで成長し、メスでは30cm近くまで大きくなります。

——そこまで大きいと飼育するための設備も大変そうです。

小菅　日本のミドリガメはことさら大きくなる傾向があります。先ほどミドリガメは孵化して間もない小さな幼体を米国から輸入するといいましたが、卵を孵化させるには温めることが必要です。その際、カメは性染色体がないため、孵化するまでの期間中の温度でオスかメスかが決まります。アカミミガメでは低いとオス、高いとメスです。

日本のミドリガメのオスは〝ハーレム状態〟!?

——初めて知りました。

小菅　そしてここからが大事なんですが、その際、業者は確実に孵化するように保管温度を高めに設定するんです。すると、どうなります。

——そりゃあメスばかり生まれる。メスはオスより大きいから日本の大人のミドリガメは総じてでかくなる、と。

小菅　大きくなるとそれだけで飼いにくい上、トレードマークの緑色の甲羅も消えてしまい、黒光りした地味な色になります。カメ好きはそれもまた魅力を感じますが、一般的には可愛いと言えない姿です。また、カメは日光浴させることが不可欠です。日光浴しないと、体温調節できなくなるし、甲羅が変形してしまいます。日光浴は寄生虫などを殺菌する効果もあります。日光浴をさせられないのなら、専門のライトなどを飼育設備に備え付けることが欠かせません。

――なるほど。亀戸天神で一日中、岩の上でぼけーと日光浴しているカメの姿を見て「なんてのんきな生き物だろう」と思っていましたが、生きるために命がけで日光浴していたんですね。

小菅　そうです。

――いずれにせよ、「小さい」「飼いやすい」「かわいい」という子供の頃のチャームポイントが大人になると一気に失われ、それがミドリガメのリリースにつながっている、と。

小菅　ミドリガメを日本の川や池に放したのは、必ずしも飼い主だけではないという説もあります。ミドリガメを縁日の商材として扱っていた方々が、その日売れ残ったカメを池などに放していた、とも言われているんです。

――確かに、子供の頃は管理しやすいミドリガメとはいえ、的屋の方々も祭りから祭りへ「売れ残りを持ち歩く」となると骨が折れそうですよね。

小菅　そうかもしれません。

“寅さんのやさしさ”が裏目に出た可能性

――個人的な記憶では、映画『男はつらいよ』の寅さんは的屋として、生き物は売っていなかった印象が強いのですが（第39作『寅次郎物語』で「俺は生き物を飼うのは嫌」との趣旨の台詞あり）、たとえミドリガメを扱っていても、売れ残りは江戸川に捨てていたと思います。「ミドリガメだって自然に戻るのがいいに決まってら。なあに、同じカメよ、日本にいるイシガメやクサガメとも仲良くやっていくだろうよ」とか言って。

小菅　残念ながら現実には仲良くするどころか、イシガメらを追いやってしまいました。その旺盛な食欲と強い繁殖力から、直接的かつ間接的に生態系に影響を与え、増えに増えて日本で最もよく見られるカメになったわけです。

——ここまで行くと当局も動かざるを得ない、と。

小菅　2015年、環境省が輸入・販売・飼育の規制に向けプロジェクトを立ち上げました。仮に「特定外来生物」に指定されれば、カメとしてはカミツキガメ、2016年指定のハナガメに続き、3例目となります。

——なるほど、ミドリガメの歴史と現状、大変よく分かりました。もし規制が本格化すればミドリガメの末路はどうなってしまうんでしょうか。

小菅　まず、今現在ミドリガメを飼育している人は当局に申請し許可を得なければなりません。無断で飼っていると、過去にカミツキガメを飼っていた人が外来生物法違反の疑いで書類送検された事例もありますから、これは守らねばなりません。

——専門の引き取り業者などはいないのですか。

小菅　います。いますが、現在180万匹と言われる飼育されているミドリガメを全て引き取り業者が飼育するのは無理があります。となると、NPOや地方自治体が中心となって処分しなければならなくなる恐れもあります。

——処分って…。

小菅　殺処分ですね。

——やっぱり。

やはりペットを飼うには強い覚悟が必要

小菅　しかしミドリガメは本当に丈夫で、かわいそうなことに試薬などを使ってもなかなか〝死ねない〟んですよ。例えばラットなどでは十分とされる致死量を投与しても死にません。

——とすると、粉砕…。

小菅　いいえ、粉砕はありません。それはそれで動物愛護管理法に違反することになりますからね。冷凍による安楽死か、あるいは〝有効利用〟という可能性が高いでしょう。有効利用というのはブラックバスなどでも進められていますが、要するに堆肥になったり、学校の解剖用教材になったりすることですね。

——せっかく長生きする生き物なのに堆肥と解剖ですか…。我々人間も、ペットを飼うのはいいですが、もし買うなら一生面倒を見るという強い覚悟が必要ですね。

小菅　カメ好きの1人として本当にそう思います。

同窓会に行くための職業選びの話をしていたのに急に「ミドリガメ」の話になり、ついに印刷事故でも起こしたのかと思われた方もいるかもしれません。ご安心ください。誤植ではありません。ここでカメネットワークジャパン代表理事の小菅さんとのインタビューを持ち出したのは、小菅さんの生き方に「同窓会に行くための新しい仕事との向き合い方」を考えるヒントがあるような気がしたからです。

＊　＊　＊

子供の頃からカメが大好きで、大学で生態研究に取り組んだ後、NPO法人カメネットワークジャパンを設立。以来、ニホンイシガメの生息地保全に情熱を燃やしてきた小菅さん。しかし彼にはもう一つの〝顔〟があります。大手インフラ会社のグループ企業の社員でもあるのです。プロモーション事業部に籍を置き、広告企画や各種マーケティング調査の営業をしながら、ライフワークであるカメの仕事にも取り組んできました。

第三章で、「好き」を仕事にして人生の満足度を高める（同窓会に行く自信を育む）方法は、実現性が低いとの指摘をしましたが、その最大の理由は「食べていけないケースが多いから」でした。しかし、小菅さんのように安定した仕事を持ちながら、「好き」な仕事もとことん頑張る生き方は、このハードルを乗り越える可能性があります。

子供の頃にテレビで見た大怪獣ガメラに魅せられ、カメに興味を持ったという小菅さん。〝カメ博士〟として、やはり同窓会では人気者に違いありません。

第六章

同窓会に行くための人生設計②

〜心構え編〜

同窓会に行ける自信を育む方法を「職業選び」の観点から考えてきました。が、この方法は、就業前の若い世代ならともかく、多くの大人にとって活用しにくい戦略であるのも事実です。ここでは、さらに別の方法を考えたいと思います。

これまでの議論は、自分の人生に自信を持つには、仕事か、趣味や子育てなど「仕事以外の何か」に打ち込み、成果を上げ、承認欲求が満たされることが必要、との前提がベースにありました。しかし世の中には、仕事がうまくいっていなくても、「仕事以外の何か」が見つかっていなくても、第三者からの承認を浴び続けている人もいます。

モテる人たちです。

同窓会に行くには「モテる自分」になること

たえず人が周囲に集まり、好意をもらっていれば、特に何もしなくても、同窓会に行けなくなるほど自分に自信がなくなることはないはずです。つまり、仕事がどうであろうと「自信」を失わない自分になるには単純明快、モテるようになればいい、ということになります。

「そんなことが可能なのは、一部のイケメンか美女、あるいは大金持ちに限られる」と思う方もいるかもしれません。しかし日本を代表する〝美の巨人〟は、モテるということは外見や保有資産とは全く関係がないと主張します。

小学校時代にモテた男子の末路

高須クリニック院長の 高須克弥氏 に聞く

生物は本能として「自分の遺伝子を可能な限り後世に残すこと」を最優先に行動する、と言われる。人間も生物である以上、どんな人も「愛」や「恋」、「モテるモテない」に全く無関心ではいられない。それどころか「モテたい」という感情が思春期前に芽生え、小学校時代、運動会の短距離走やリレーで活躍してモテる男子に羨望を覚えた男性の方が多数派なのではないだろうか。

ただ、みんなに羨ましがられた「小学校時代にモテた男子」が、その後の人生でもモテ続けたか

高須克弥（たかす・かつや）
1973年昭和大学医学部整形外科大学院修了。1976年名古屋市にて高須クリニック開設。テレビなどのメディアを使って美容整形を一般に認知させた立役者。

と言えば話は別。むしろ「小学校時代にモテた男子ほどその後〝失速〟し、子供の頃は普通あるいは冴えなかった男子に逆転を許すケースの方が多い」との印象を持つ人も少なくない。「『子供にモテる顔』と『大人にモテる顔』は違う」「モテるエネルギー（フェロモンのようなもの）は有限」…など、いくつかの仮説は立つが、帯に短し襷に長し。これはもう、専門家に聞きに行くしかない。モテるモテないは、「内外面の美」と強い相関があるはず。となると、適任者は、日本を代表する〝美の探求者〟以外に考えられない。

――そういうわけで先生、小学校時代にモテた男子の末路について、将来どうなるかとか、そうなる理由について、教えてもらいに来たんですけど。

「色白で太っていたけどモテました」

高須院長（以下、高須） そういえば、僕も小学校の頃はやたらと女の子にチヤホヤされた、大事にされてモテにモテた記憶しかないんですよ。

――え。小学校の頃にモテる男子と言えば、短距離走やリレーで活躍する運動神経のいい子だと思うんですけど、先生もそういう子だったんですか。

高須　いや、みんな真っ黒けに日焼けしてるのに僕だけ色白で、みんな引き締まった体をしてるのに僕だけ太っていました。

――失礼ながら、それではモテないのでは…。

高須　それはモテるという意味を誤解されている。「モテるかどうか」というのは、運動神経などではなくて「可愛げがあるかないか」なんです。

僕は愛知県の幡豆郡一色町（現在の西尾市）に生まれたんですが、農業や水産業が盛んなところで、周りはみんな農家や漁師の子供で、僕だけ医者の息子だったんですね。それで物凄くいじめられた。学校の先生も、そういうプチブルの色白のガキは敵だと認識して全然助けてくれない。教師はみんな[redacted]だから（笑）。

――先生、これ日経ビジネス（笑）

高須　ウチに帰って婆ちゃんに言うと、そんな[redacted]教師なんて我が家の敵だから負けちゃダメだ、と（笑）。

――先生（笑）。

高須　だから授業中もしょっちゅう手を挙げて「先生の言ってることは間違ってます」といつもやってました。そしたら先生も一緒になっていじめてくる。そうするとね、女の子たちが守ってくれるの。登校中にいじめられると僕を囲って学校まで連れていってくれたり。

――いじめられていたからこそ可愛げがあって、それが母性本能をくすぐったと。

高須　絶対にそうだと思います。

モテるモテないを決めるのは「可愛げの有無」

――でもやっぱり、先生は例外で、小学校時代にモテる子は足が速いとか運動能力が高い〝強い子〟のような気がしてならないんですが。

高須　いや、やっぱり可愛げですよ。「この子は私がついていなければどうなるか分からない」「私が守ってあげなきゃ」と思ってもらうこと。〝強い子〟には、「私はお呼びじゃないのね」となって寄ってこないと思いますよ。どんなに顔が綺麗で運動神経が良くても、可愛げがなくて寄っていきにくい人はモテません。これは別に小学生男子だけでなく大人の女性でもそう。声を掛けるのも怖いくらいの美女って意外と簡単に変な人に騙されるじゃないですか（笑）。

――具体名は出さなくていいですからね（笑）。

高須　可愛げが全てです。赤ちゃんは例外なくモテるでしょ。子犬も愛されますよ。大きくなった犬はあまり愛したくない。熊だって小熊だったら愛しますよ。でかくなったらそんなもの、愛するどころじゃないですよ。

――食われますからね（笑）。

高須　野村克也さんがいつも長嶋茂雄さんばかりモテやがってって言うんですが、僕はなぜそうなるかよく分かるんです。

ノムさんは本当に優秀な監督で、細かく計算して勝ちに行くでしょ。それで勝てるチームをつくり上げるんだけど、これは可愛げがあるとは言えない。ノムさんは自分は「月見草」で、長嶋さんは「ひまわり」だと言うけどただのひまわりじゃない。ひまわりの上に可愛げが載ってるひまわりですから。ノムさんがポカばかりやって「てへっ」とやるタイプだったら、話が違っていたかもしれませんが。

――それでは試合で負けます（笑）。

運動神経より可愛げがあった〝モテ小学生男子〟

高須　ノムさんは可哀想な星の下に生まれた人なの。必ず屑みたいなチームのところに行くの。それで一生懸命選手を育てて、優勝直前にクビになるの。それで後から来た人が優勝監督になる。いつも怒っていますもん（笑）。可哀想な上に、女性にもモテないもんだから、[redacted]…。

――はいっ、分かりました！　可愛げがいかに大事かよく分かりました！　とすると、小学校時代にモテていた運動神経が良い男子は、運動神経が良い云々以上に、可愛げがあった、ということになりますか。

高須　そう、可愛げがある。とんまなところがある。

――まあ、そう言われてみれば、子供の頃、走るのが速かったり野球が上手だった子って結構とんまだった気もしますから、そうかもしれません。「小学校の頃、モテる＝運動神経がいい」というのは世間からの〝すり込み〟だったんですね。

高須　すり込みと言えば、僕もこのビジネスを始めた時、申し訳ないんだけど世間に「あること」をすり込んだんですよ。

最初は開業しても全然流行らなかったから、「ＰＯＰＥＹＥ」とかＫＫベストセラーズの「ザ・ベスト」とか、男性誌の広告のスポンサーになって、女性に対談をしてもらったの。女の子たちには「私が好みの男性のタイプ」を話してもらうんだけど、内容はどうでも良い、その代わり、「性格がいい人もいいし、顔やスタイルがよい人も好きだし、何でもいいけど、[redacted]だけは嫌い」って書いてくれと（笑）。その決め言葉だけ入れてくれたらタイアップすると。

――先生（笑）。

高須　そしたら国民の間で「[redacted]だとモテないんだ」というすり込みができて、最大で1日300人の患者が来ました。

――それまでにない事業を世の中に定着させていくには、すり込みのマーケティングが重要だという話ですね（笑）。

高須　それで財を成してあまりに稼ぐものですから、国税が来て僕、捕まっちゃったんですよ。1年間の医療停止。

でも僕は何も悪いことをしたつもりはなくて、忙しすぎてお金の管理が全然できていなくて、気がついたらああいうことになってた。僕の罪は使用者責任。「納税者としての意識が欠けている」「必ず納税申告書は間違いないか確認して自分でサインしなければならない」って言われて。

——それを怠ったと。

高須　でもね、僕がサインを書いて提出していたら罪があるのは分かりますよ。そんな書類、見たことがないんだもん。サインだって僕の字じゃないし。そうしたら「人に書かせて提出させた罪がある」と言われて。どうしても納得いかなくて最高裁まで10年戦ったんですけど、結局、負けました。国と戦って勝てる可能性は日本ではゼロなんだって。

——先生、モテる話（笑）。

高須　そうだったね（笑）。

ならば、先生のその後はどうなった？

——ならば、もう先生が「小学校時代にモテた男子」の代表としましょう。その末路を知りたいので、その後、先生がどうなったか、教えてください。

高須　それがねえ、思春期になってからは全然モテなくなっちゃって。子供の頃モテたでしょう。それで「可愛げ」がなくなったんだと思っています。

——ほう、可愛げが、ですか…。

高須　小学校時代にモテたでしょ。それで高校に入ってからもっとモテようと努力したんですよ。

例えば、石原裕次郎さんの歩き方を真似してみたり。ちょっと足を引きずってみるとか、背中を丸めてみたり。要するに映画スターの真似です。でもそういう小ざかしいことをすると可愛げがなくなる。

――つまり、小学校時代にモテた男子は成功体験があるが故に、思春期に入るともっとモテようとして、本来の武器だった可愛げをなくしてしまう、と。

高須　そう、可愛げ。言い換えればギラギラしないことです。

バラエティ番組の「11PM」に準レギュラーで出ていた頃、藤本義一さんと仲が良くて。藤本さんが「高須さん、わしこの頃メチャクチャ、モテまんのよ」と言うわけです。「秘訣を教えてください」と言ったら、「白髪頭にしてこういう風（ギラギラ感のない枯れた感じ）にしたら、女の子がみんな寄ってくるんですわ。みんな、わしのこと[redacted]と思うとるようやけど、わしまだ[redacted]でっせ」と。そしたら、横山ノックさんが「わしはエロダコだからみんな寄ってこんのやな」と言うわけです。

――先生（笑）。でも、可愛げがある人がモテるという分かりやすい事例ではあります。

人間は「欠けている部分」に恋をする

高須　かっこつけちゃダメなんです。でも「モテたい」という時期はそういうわけにはいかないですよね。映画を見てモテる勉強をするわけですよ。たばこの吸い方にしても「うーん、俺に近付くと不幸になるぜ」って雰囲気を醸し出そうとしたりね。「不幸になるのはお前だよ！」って話なんだけど（笑）

――確かに（笑）。

高須　結局、映画を参考にするのは全部無駄。あれは〝最初からモテる人たち〟がやっていて様になるんであって、普通の人がやったら可愛げがなくなるだけです。アイドル産業なんか見てごらんなさい、男性、女性とも「可愛げを長く維持できる感じの子」に白羽の矢を立てるんです。顔立ちが美形かどうかなどは、実はさほど関係ない。

さっきも言ったけど、むしろ完璧な顔立ちはモテません。人間は「欠けている部分」に恋をするんです。人気タレントさんは皆、完璧な顔じゃないでしょう。お笑いタレントも「足りない」からこそモテるんです。

——そう言われてみれば、そんな気もします。

高須　ファッションモデルなんて、歩き方も完璧だしスタイルも完璧だけど、僕は「衣紋掛け」だと思っていますからね(笑)。ロバはロバでいいんです。馬だってサラブレッドでなくて構わない。ばんえい競馬の馬も立派だし、ゴビ砂漠を横断する馬でもいい。みんなそれぞれいいところを持っているんです。

ロバがより輝くロバに、ばんえい競馬の馬がより輝くばんえい競馬の馬になれるようお手伝いするのが僕の仕事です。それを、ロバをサラブレッドにしようとおカネをむしり取る悪い美容外科もいるんですよ。

——そう聞きます。

高須　ロバがサラブレッドになろうなどとしなくていい。残そうと思えば、十分に子孫は残せます。自分の足りないところを補ってくれるＤＮＡを持っている人がどこかにいて、そういう人とうまくＤＮＡを交配していくようにこの世界はできているんです。

——なるほど。

郷ひろみさんに見た「モテる苦労」

高須　モテる人を見て羨ましいなあと思うのは、「自分のＤＮＡを撒き散らすチャンスがたくさん与えられていいなあ」と思うからです。でも現実には撒き散らすことなんてできないし、そもそも世界中にＤＮＡを残す必要なんてないじゃないですか。

――それはそうです。

高須　それどころか、モテる人は大変ですよ。

郷ひろみ君とはもうデビュー当時からの付き合いなんだけど、彼なんか本当に大変で。デビューしたての頃は、本当に熱狂的なファンが押し寄せてきてたの。マネジャーたちが必死にガードするんだけど、もうピラニアのようでね。僕も、彼が逃げる時に一緒になって逃げましたよ。そしたら、ひろみ君が「先生は誰も追いかけてこないから逃げなくていい」とアドバイスしてくれました（笑）。

――確かに（笑）。可愛げというのは、再生できませんか。

高須　わざとらしく可愛げを出すと、それはそれで、あこぎになるんですよ。

――とすれば、思春期に可愛げをなくした先生も、小学校の時の黄金時代は二度と戻ってこなかった、と。

高須　いや、それがね、この頃また、むちゃくちゃモテるんですよ。どこへ行ってもみんながベタベタしてきて。「先生、私、胸が小さいんだけど大きくした方がいい？」とか言われて、どれどれって触っても誰も「キャー」一つ言わない。まあ、向こうにしてみれば、毒のないコブラだとか、牙のないクマを相手にしている気持ちだろうと思うけど。

無邪気で純粋な気持ちのまま生きてこられたら小学校の時からずっとモテ続けたかもしれません。でも途中で「事業を拡大してやろう」とか「美容整形の名人として褒められよう」とか「可愛げのないこと」を考えたところから、モテなくなったんだね。それが、気持ちを開放して自分に嘘をつくのもやめて、「みんなが喜ぶことだけをやろう」と考えたら、またモテ出した。何しろ「彼女がいる」って公言していてもモテるんだから。

一見、荒唐無稽に思える高須先生の話ですが、読めば読むほど正しい主張に思えてきます。

①小学校時代にモテた男子は、可愛げがあるからこそモテていた（駆けっこが速いとか運動

神経が良い子がモテるというのは誤解で、運動神経の良い子が往々にして可愛げがあるだけ)。
②その証拠に、小学校時代にモテた男子でも、高校生にもなると、モテようと意識し可愛げがなくなる(小学校時代にモテた成功体験があるが故に、よりもっとモテようと思い、裏目に出る)
③無邪気な純粋な気持ちを取り戻したら(可愛げを取り戻したら)、再び人が周りに集まるようになる。
〝モテるモテない〟の分岐点が外見や保有資産でなく、その人の心の持ち様にあるのなら、周りに人が集まりやすい人柄になることは可能かもしれません。そして多くの人から承認され続ければ、それが自信の元になるのもまた事実でしょう。

さてここでは、「稼げる新職業を目指す」「モテる自分になる」に加え、もう一つ、同窓会に行くための自信をつくる戦略を考えます。

「自信がないから同窓会に行きたくない」という心理は、言い換えれば、「今の自分の姿を同窓生に知られるのは恥ずかしい」ということです。であれば、他人にどう思われようが「自分は自分、他人は他人」と動じない心境になるのはどうでしょう。全ての物事をありのままに受け入れる――。同窓会に堂々と参加する3番目の方法は「悟りを開く」ことです。実際に、悟りを開いた人の話を聞いてみましょう。

大企業を辞めて「出家」した人の末路

中野坊主バー店主、真宗大谷派・瑞興寺僧侶の 釈 源光氏 に聞く

先進国最低の生産性の下、有給はもちろん代休すら取ることができず、異常な通勤ラッシュと長時間残業を余儀なくされている日本の会社員。「先の見えない不安いっぱいの世の中で、仏の道に救いを求めたい」と思う人がいたとしても、おかしくない。

実際に、そんな「会社員→出家」の人生を送った先人がいる。日本を代表する大企業に籍を置いていた彼はおよそ20年前、50代を前に仏門に入ることを決意。現在は、香港・九龍城を彷彿とさせる東京・中野の名物雑居ビル「ワールド会館」で坊主バーを経営するとともに、真宗大谷派・瑞興寺僧侶でもある。なぜ、彼は仏の道を志したのか。そ

釈 源光（しゃく・げんこう）
日本を代表する大企業に籍を置いていたおよそ20年前、50代を目前にして仏門に入ることを決意。現在は、東京・中野の名物雑居ビル「ワールド会館」で坊主バーの経営者であると共に、真宗大谷派・瑞興寺僧侶でもある。

ここには日本の多くの中高年が経験した2つの悲しい物語があった。

――仏の道に救いを求める方は、増えているのでしょうか。

釈 源光氏（以下、源光） そう思います。私の店にも、そのようなお客さんはたくさんいらっしゃいます。

――源光さんは大企業に勤めていた一般の人からお坊さんになられました。どのようにしてお坊さんになるのでしょう。

源光 私が所属する宗派を例に挙げますと、僧侶になる方法はいくつかありますが、最も簡易な方法でも、それなりの時間はかかります。

まず、お寺の住職による裁可印が必要です。僧侶としての適性を住職が見極めるのです。それをクリアしたとしても、数日間の得度準備講習会に参加しなければなりません。ただ、ここもすぐに参加できるわけではないのです。私が仏門を志した、およそ20年前の時点で最低半年待ちの状況。講習会を終えた後、得度式を経て僧籍を手にするわけですが、この得度式も1年待ちでした。状況は今もあまり変わっていないと思います。

――やはりバブル崩壊以降、日本社会がすさみ続ける中で、救いを求める人々は増えた、ということですか。詳しい話を聞く前に、現在の源光さんのお立場を説明願えますか。

源光　真宗大谷派瑞興寺僧侶であるとともに、坊主バーの経営をしています。しかし坊主バーは超宗派の立場で、現役の僧侶が店を運営し、お客様にできるだけ客観的な仏の教えをお伝えする場です。また、様々な新興宗教のお客様や神父・牧師などが来店されることも珍しくなく、宗教の枠を超えた交流があります。現時点で私が経営する店は東京・中野の坊主バーと、東京・高円寺にある姉妹店の「尼僧バー」の2店舗です。

なぜ日本を代表する大企業の籍を捨てたのか

――坊主バーをしながら、どこかのお寺で働かれているのですか。

源光　私は住職（寺院を管掌する僧侶）ではなく、一般の僧侶です。僧にもいろいろな種類があります。仏教界には、先ほどの住職系や、法事や寺務などに従事する役僧系、ほかに、それらに該当しない一般の僧がいます。お寺に所属はしていますが、そこのお寺に通っているわけではありません。

——でも出家されたということは、普段はご自宅で厳しい修行をされている、と。

源光　日本仏教は様々な宗派があり、宗派が違えば教義もかなり異なります。我々浄土真宗は「他力」を重視する宗派です。他力は「阿弥陀如来の力を心から信じ念仏を唱えていれば、極楽浄土への道は約束される」という考え方を取ります。

私たちの宗派にも修行はありますが、皆さんが想像する滝行のような激しい修行はありません。我が国の浄土系仏教は、易行と言われる、比較的簡単な修行が中心です。易行の代表的な例の1つは勤行（お念仏を唱える）です。滝行や座禅などの厳しい修行を我々は難行とか自力聖道門などと称しており、普段はやりません。

仏門に入るというと、出家をして、厳しい修行を経て、悟りを開かねばならないと一般の方はお考えかもしれません。ですが、浄土真宗は他力仏教の極みで、出家という概念ではなく、在家主義を取ります。出家は世間から離脱することを意味しますが、在家は世間に寄り添う形で仏の道を志すものです。

——たとえ在家であっても、50歳近くまで勤めたスーパーゼネコンを退職し、仏の道を人々に伝えようと思い立ったのはなぜなんですか。

源光　話すと、長い物語になります。

私は1953年に神戸市に生まれました。大学では哲学を専攻し卒業後、3年余りフランスへ留学しました。留学時代に出会ったフランス人の知人が仏教に詳しく、彼と話しているうちに仏教への思いが強くなりました。私の仏教はフランス仕込みです(笑)。ただ本格的に勉強を開始したのは帰国後(20代後半)からです。

なかなか見つからない自分の居場所

——しかしフランスから帰国後、すぐに仏門を目指しはしなかった？

源光　当時は生活のため、留学で身に付けたフランス語を生かし通訳業を1年ほどしました。ただ収入が不安定で、30歳を前に「自分はこのままでいいのか」という焦りの気持ちが芽生え、関西の旅行会社に就職しました。旅行も好きでしたから。

ところが働いてみると旅行がどんどん嫌いになっていくんですね。体育会系の企業で仕事の中心は飛び込みセールスです。当時の業界としては当たり前の慣例だったのですが、お金に汚い場面も目の当たりにし、結局3年余りで新宿の広告代理店に転職しました。

――なるほど。

源光　広告の世界は非常に水が合ったんですが、転職2年目で取引先からヘッドハンティングを受けて健康器具メーカーに移ります。ここがブラック企業で、訴訟を何件も抱えていたことが分かり、印刷会社へ移ります。ですが、ここの仕事は中身が全くクリエイティブでなかった。

――なかなか自分の居場所が見つかりません。もう30代半ばです。

源光　さらに印刷会社で2年あまり勤めた後、コネでスーパーゼネコンに中途入社します。入社後、しばらくして子会社に転籍し、大阪勤務となりました。自分が得意とする企画の仕事も親会社からたくさん舞い込んできた。時はバブル真っ盛り。プランナーとして本当に充実した毎日を過ごすことができました。

――よかった。やっと居場所が見つかりました。

源光　そんな私を、この国で暮らす中高年であれば誰もが経験した2つの災いが襲います。

――2つって…。

源光　バブル崩壊と、阪神・淡路大震災です。

――やっぱり。

源光　バブル崩壊では、業界の仲間が何人もリストラにあい、自殺した人もいました。

――やはり借金が原因ですか…。

源光　この話を説明するには、当時のゼネコンで本当は何が起きていたか、まず話さねばなりません。

　バブル期は当然のことながら建設ラッシュで、多くの企業が、工場であれ社屋であれ、設備投資意欲が旺盛でした。建設会社は競い合って受注を積み重ねたのですが、その際、横行したのが「バーター取引」でした。顧客の商品を購入することによって、仕事をもらう。これが当たり前の世界でした。

　ゼネコンの社員は半ば強制的に、たとえ借金をしてでもマンションなど高額商品を購入していたんです。

　銀行も積極的に金を貸してくれる。サラリーマンの節税対策の1つとして不動産投資を活用するなんていうのもありました。金を使うこと、借金をすることは正義という時代でした。もちろん、バブルが膨らんでいた時期には、税金の還付もあってそれは心強い資産運用になりました。

――でも、経済が逆回転し始めると、高いレバレッジを掛けた投資は…。

源光 バブル崩壊は1991年。関西はその影響が93年頃でしたか。借金を背負い込んでの投資は当然私もやっていました。続いてあの日がやってきます。

――1995年1月17日…。

源光 ここでも私は仲の良かった親しい幼なじみを何人も失います。この間、私は離婚も経験しました。さらに、住んでいた社宅が半壊となり出なければいけなくなりました。自宅を確保すべく大阪に新たに一軒家を購入します。この時、不動産業界は復興特需でバブル期のような盛り上がりを一時的に見せます。ただ、そのミニバブルもあっという間に過ぎ、1997年頃には会社が大規模なリストラを敢行したのです。年収ベースで25％の減少。さらに、2回目のリストラではピーク時の半分になった。

毎月の支払いが給与と同額になり、とても生活していけません。計算すると、向こう3年以内に自己破産することが分かりました。それが1998年のことです。私は一連の出来事を通じて人間のはかなさと、カネに振り回される人生のむなしさを嫌というほど同時に味わいました。

――…。

この世界に居場所はそうそうなくならない

源光　その頃、私は震災を機に大阪の千日前にある坊主バーに出入りするようになっていました。自分が求めてきた仏法がここにあると感じました。失意の中でバーを訪れる多くを失った人々、それを支えようとバーを通じて明るく仏の道を説く僧侶たち…。そこで繰り広げられる光景を見て、強く思ったんです。「俺の居場所はここにあったんだ」って。

――よかった。

源光　会社に辞表を提出したのが1999年。僧侶の資格を取ったのが2001年です。大阪の坊主バーで働くなどして資金を貯め、東京・中野に坊主バーを開いたのが2004年でした。そこから先は紆余曲折、いろんなことがありましたが、おかげさまで今日もこの小さなバーを続けられています。

――途中で心が折れることはありませんでしたか。

源光　仏教には一切皆苦という言葉があります。この世のすべては苦しみであるという意味です。しかし仏教には涅槃寂静という言葉もあります。煩悩を消し安らかな気持ちで生きる状態、つまり悟りの境地です。ここにたどり着くまでにはまだまだ長い道のりがあります。幸い、私は30年以上仏教を学んだことで、ようやく菩提心が芽生え始めたのかもしれませんね。釈迦の知恵を頭で理解するのではなく、そのものが身にしみついてきたのです。

店が潰れそうなことが何度もありましたが、ぎりぎりのところで持ちこたえられています。外界で厳しい苦難にぶち当たっても、持ちこたえられる。むしろ、受難が私の背中を押してくれるというのでしょうか。新たな目標という肥やしになります。

阿弥陀如来はどんな方でも迎えてくださる

——世の中には居場所を失った人が溢れています。仏の道は彼らも温かく迎え入れてくれるのでしょうか。

源光　もちろん迎え入れてくれます。ただし、仏門に入るだけで必ずしも心が救われるわけではありません。仏門に入るだけで生活が成り立つわけでもありません。ただ、道を求める心は必要です。これは仏教に限らず、どの道でも同じことでしょう。それを承知の上でなら、阿弥陀如来はどんな方でも迎えてくださることでしょう。

もはや何の本を読んでいるのか分からなくなった方もいるかもしれません。要は、この世の無常を達観して受け止められる――。そんな自分になれれば、「同窓会に出ることなど何てことはない」という心境になれるのではないか、というお話です。

ただし多くの人が既にお気づきのように、「モテる」「悟る」という本章の戦略はいずれもある問題を抱えています。それは即効性に欠けることです。人間の性格は思春期までに完成し、その後は生涯変わらないと言われています。それを意識的に変えようというのですから時間がかかるのは当然です。

一筋縄ではいかない〝同窓会に行けない症候群〟の改善。仮に、同窓会に行きたいという気持ちが回復せず、欠席を続けた場合、その人の人生にはどんな影響が表れるのでしょうか。

第七章

同窓会に行けない人々の末路

今の現役世代は引退世代に比べ同窓会に行けるだけの自信がない人が増えている。だとすれば、その理由は何なのか――。そんな視点で、ここまで4つの仮説を検証し（第一〜四章）、さらに「では、どうすれば同窓会に堂々と参加できるか」について考えてきました（第五〜六章）。

改めて、多くの人が同窓会に消極的になるきっかけになったと思われる事情を挙げると次の通りです。

①会社で出世しなかったから
②起業して失敗したから
③「好き」を仕事にできなかったから
④「仕事以外の何か」が見つからなかったから

既に見たように、こうした事情の背景には、明らかに「平成の30年間の経済環境・職場環境の変化」があります。1980年代後半のバブル崩壊以降、日本企業の成長は鈍化し、人口減少を背景に国内市場の成熟も加速し始めました。その結果、多くの人は出世できなくなり、起業の難度も上がり、「好き」を仕事にできなくなったのです。

こうした状況は令和になっても改善の兆しは見えず、それどころか「人々から同窓会に行く自信を奪う新たな現象」が出現し続けています。その1つが「高学歴貧困」です。

有名大学を出ても貧困化するパターンはよく似ています。多くの高学歴者は大学を卒業した後、名の通った企業に正社員として入社し、一度は安定した生活を手に入れます。しかし、過重労働で病気になったり、パワハラのターゲットにされたりするなど各々の事情でやがて退職。復帰は果たすものの、正社員ではなく非正規労働者としての雇用となり、その後、再び安定した雇用条件を確保しようと転職を重ねるものの、そのたびに労働条件は悪化し、困窮化していきます。

昭和の時代と違って、せっかく入った有名企業を辞めてしまう人が目立つ背景の1つには、第一章で見た「大企業職場の環境変化（悪化）」がありそうです。そして、一度退社した人が元の安定した生活を取り戻せない背景には、日本企業の新卒一括採用主義（年を重ねるほど転職しにくくなる）と、バブル崩壊以降の非正規社員の急増があります。総務省の調査によれば、1985年に16・4％だった全体に占める非正規労働者の割合は、2014年には4割を突破しました。

「お前、クラスで一番いい大学行ったもんな！　ぶっちゃけ、今、年収どのくらい？」

「……（自分の生活だけで精一杯だよ…）」

どう考えても、同窓会に先頭を切って参加する強い意欲が湧いてくる状況とは思えません。

しかし、ここまで本書を読んできて単純にこう思う人もいるはずです。

「別に、だったら、そこまで無理して同窓会に行かなくてもいいんじゃない？」

確かに、そもそもなぜ人は同窓会に参加しなければならないのでしょうか。第五～六章で考えた「同窓会に行くための人生設計」の実践も難しく、同窓会と距離を置いてしまうとどんな末路が待ち受けているのでしょうか。本章では、少し遠回りしながら、同窓会に参加する意味を検証してみます。

悪夢の２０１９年初夏　３つの刺殺事件の共通点

その凶行は、２０１９年5月28日午前8時前に起きました。場所は、神奈川県川崎市登戸の路上。名門小学校のスクールバスを待っていた児童たちに、突然、２本の柳刃包丁を持った51歳の男が襲い掛かったのです。19人が次々に刺され、保護者１人と女児１人が死亡する大惨事となりました。犯人は襲撃後、自ら首を切り死亡しました。

その３日後の6月1日、新たな刺殺事件が発生します。現場は、東京都練馬区の民家。犯人は76歳の男で、胸などを複数回刺されて死亡したのは44歳の長男でした。事件が驚きをもって世間に伝わったのは、加害者である父親が元高級官僚だったからです。

さらにそこから約2週間後の6月16日早朝、今度は大阪府吹田市で惨劇が起きます。吹田署千里山交番で26歳の警察官が7カ所を刺され、実弾5発が入った拳銃が奪われました。33歳の犯人は逃走しましたが、大阪府箕面市内で身柄を確保されました。

短期間に連続して起きた3つの事件。その背景には、ある1つの共通キーワードがあります。「孤立」です。

まず、登戸の事件の容疑者は、各種報道によると、川崎市麻生区に伯父夫婦と3人で暮らしていましたが、近年は定職に就かず自室に閉じこもりがちだったと言われています。伯父夫婦と日常的な会話は少なく、作ってもらった食事を冷蔵庫から出して食べ、置かれた小遣いを受け取って暮らしていたそうです。近所付き合いも少なく、容疑者がその家に暮らしていたこと自体、知らなかった近隣住民もいたとのことです。

次に、練馬区の刺殺事件では、被害者である長男が、登戸の事件の容疑者と似たような環境にあったようです。長男は、大学卒業後は一人暮らしをしていましたが、オンラインゲームに没頭しやはり長年閉じこもり気味だったとの情報もあります。実家に戻ってきたのは事件の直前ですが、長男は中学の頃から家庭内暴力をたびたび起こしており、実家でも両親との十分な意思疎通はなかったようです。

一般的に日本では、家庭内がこうした状況に陥った際のための公的な相談窓口があります。厚生労働省が全国に設置する「ひきこもり地域支援センター」もその1つですし、家庭内暴力の場合は警察も相談窓口です。

しかし、容疑者の父親はそうした公的機関には頼らず、一人で思い悩んだ末、最悪の選択をしてしまったようです。その意味では、長男のみならず父親もまた、孤独だったのかもしれません。

最後の千里山交番襲撃事件の容疑者は、事件直前に体調を崩し長期休暇を取得していたものの、長年、定職には就いていませんでした。小中学校時代は野球部に所属し、クラスの人気者だったという話もあります。

しかし、この容疑者にはこんな情報もあります。2019年2月頃から「同窓会を開きたい」と小中学校時代の同級生の住所を聞きまわっていたというのです。事件の数日前にも、ある同級生に住所を尋ね、飲み会の約束を取り付けようとしましたが、結局、飲み会も同窓会も実現することなく、犯行当日に至ってしまいました。この容疑者も社会との接点を持ちながらも、精神的には孤立化していた可能性は高そうです。

このように2019年5月から6月にかけて発生した凄惨な事件の関係者はいずれも、似たような状況に陥っていた可能性が高いと言えます。少なくとも、周りに何でも相談し合える友人は、いずれも少なかったのではないでしょうか。

こうして現代社会の新たな問題として注目を浴びる「孤立化」。その蔓延は、認知症患者の増加につながると指摘する専門家もいます。

保育園建設に反対する高齢者の末路

「脳の学校」の加藤俊徳 社長、医師・医学博士に聞く

少子化対策が急務となっている日本。とりわけ必要なのが「子育てしやすい環境」の整備であることに異論がある人はいないはずだ。だが今、その子育て施設を巡って、非常に気になる動きが広がっている。東京23区や関東近郊の様々な街で、新設予定の保育園が住民運動により建設中止や延期に追い込まれていることだ。反対の理由は「園児の声がうるさい」「環境が変わる」「迎えに来る親のマナーが心配」など様々。建設中止を訴える人の中には、物事の道理をわきまえているはずの高齢者も少なからず含まれる。

一体、保育園建設に反対する高齢者は何を考えているのか。脳科学の専門家に話を聞いた。

加藤俊徳（かとう・としのり）
1961年、新潟県生まれ。脳内科医、医学博士。加藤プラチナクリニック院長。株式会社「脳の学校」代表。昭和大学客員教授。発達脳科学・MRI脳画像診断の専門家として、これまでに胎児から超高齢者まで1万人以上の診断・治療を行う。著書に、『発達障害の子どもを伸ばす 脳番地トレーニング』(秀和システム)、『部屋も頭もスッキリする!片づけ脳』（自由国民社）等、多数。

――東京23区や関東近郊の様々な街で、新設予定の保育園が住民運動により建設中止や延期に追い込まれるケースが増えているそうです。

加藤　そうらしいですね。

――反対している人の中には、若者だけでなく、物事の道理をわきまえているはずの高齢者も含まれています。「園児の声がうるさい」「環境が変わる」「迎えに来る親のマナーが心配」など様々な理由が挙がっているようですが、一連の騒動を見ると、団塊の世代を中心とする今の日本の高齢者がおかしな方向に向かっている気がしてならないんですが。

加藤　その側面はあるでしょうね。私が脳科学者として、この保育所建設問題を知って立てた仮説は、日本の高齢者の脳が全体の傾向として「子供が苦手、嫌いな脳」になりつつあるのではないか、というものです。

――そんなことがあるんですか。

「子供が嫌いな脳」になった高齢者たち

加藤　人間の脳というのは、「慣れないこと」や「慣れない環境」に対しては、面倒くさがり、拒絶する性質があります。子供が多かった昭和の時代までは、日本人全員が、「街のあちこちで子供が飛び回り、声を上げて大騒ぎする環境」に慣れていました。

――放課後は日が暮れるまで元気に遊び回り、広場で野球をやって民家のガラスを割ったり、ため池の水門を勝手に開けて農家の人に大目玉を食らったり、みんなやんちゃでした。

加藤　ところが、平成に入り少子化が進むと、そうした風景が都会でも田舎でも急速に消えました。今や、多くの日本人にとって「大勢の子供が目の前ではしゃぎまわる環境」は、記憶の中にしかない、まさに「慣れない環境」なんです。

――脳は慣れないものを拒絶するから……。

加藤　当然、多くの人の脳は、「子供がいる環境や子供そのもの」を苦手であり、嫌いになっていきます。保育園ができれば、そんな慣れない環境が忽然と目の前にできるわけですから、脳は嫌がります。

――保育園反対派を非難する人は、「少子化が進めば日本が滅ぶのに何を考えているのか」などと理屈で建設中止を訴える高齢者を責め立てますが……。

加藤　おそらく反対派はそんな深いことを考えて建設中止運動をしているわけで

はないと思います。「脳に反対させられている」んですから。

――そういう「子供が嫌い、苦手な脳」になってしまった人は、自分の孫のような園児がちょこちょこ歩く姿を見ても、可愛いと思えないんですか。

自分の孫ですらそこまで可愛く思えない

加藤　思えなくなっていくと思います。今の高齢者は、街で子供と接する機会だけでなく、かつてのお年寄りに比べ自分の孫と接する時間すら少ないのではないでしょうか。背景にあるのは核家族化です。脳は、接する時間が少ない対象には慣れませんから、昔のお年寄りほど子供を可愛いと思えなくても不思議でないはずです。ある種、高齢者の脳に余裕がなくなっていると感じています。

――地域全体で子供を育てる文化が形骸化しつつある今は、高齢者のみならず若い世代でも同様の現象が起きているのでは。

加藤　そうやって「子供に慣れない、子供が嫌いな脳」を持つ大人が増えれば、保育園建設が滞るだけでなく、虐待など様々な社会問題が発生することになります。そうなれば、社会全体として対策が必要です。例えば、1995年から2001

年にかけて私が滞在していた米国は、「大人と子供を分ける社会」です。大人が集まる場所、例えばダンスパーティーなどに子供を連れていく習慣などはなく、子供は子供、大人は大人の社会の中で暮らしています。

――分かれて暮らしていると、「子供がいる環境」に慣れてない大人もいる。

加藤　ええ、子供が嫌いな大人が普通に存在します。レストランなどで子供が騒げば、もちろん笑顔で大目に見る大人もいますが、露骨に不愉快な表情をする大人もいます。こういう社会では、自ずと虐待も増えがちですし、放って置くと「子供が不得手な脳」を持つ大人が増えかねません。だから法律によって徹底的に虐待を封じようとするし、行政が主導を取って子育て施設なども優先的に建設していく仕組みになっています。街も学校を中心に設計され、少しでも社会の構成員が子供と接する時間を持つように工夫されています。

――なるほど。

加藤　そう考えると、今の日本の状況は非常に中途半端で危険と言えるかもしれません。人々の脳は欧米化し「子供が嫌いな大人」が増えている一方で、それに対応するための社会づくりは遅れているからです。

――確かに虐待対策は後手に回っているし、保育園1つスムーズにつくれません。

加藤　昭和の時代までの日本は、子供は「授かりモノ」と尊重され、社会全体で守り育てるのが当たり前の文化でした。今の日本の子供を巡る社会制度は、そういう昭和の文化を前提にしています。状況が変わってきた今、社会を根本的につくり変える時期に来ているのかもしれません。

――よく分かりました。しかし、それにしても、「子供が嫌いな脳」なんて種族保存を至上命題にしている生物として、おかしい気がするんですが。

加藤　そう、生物として成立していません。

――そんな脳になっちゃって、保育園建設に反対する高齢者の末路は大丈夫なんでしょうか。

保育園反対派の末路は、やっぱりあの病

加藤　大丈夫ではありません。ずばり認知症になる確率が高いと思います。というのも、保育園に声高に反対する人は、子供だけでなく人と接する時間自体が少ない暮らしを送っている可能性が高いと推察できるからです。そして認知症を引き起こす大きな要因は社会的孤立です。他人と対話し脳の記憶系や感情系の脳番

地を刺激しないと、脳は成長しにくくなり認知症に向かってしまいます。

――確かに他人と活発に交流していれば、子供と接する時間もそれなりに増えるはずです。逆に言えば、脳が子供を嫌いになるほど子供との接点がないということは、同世代の交流も少ない、と。

加藤　それに、孤立していれば、人の声を聞かなくなります。人の声を聞かないと聴覚はどんどん鋭敏になる。当然、子供が騒ぐ声も耳障りになりますから、余計、保育園建設に反対するようになっているのではないでしょうか。

――どうすればいいのですか。

加藤　子供に限らず他人と接する時間を増やすことです。友達と交流し話すことです。第三者と接すると脳は疲れますから、「一人の方が気楽」と言う人の気持ちも分かります。でも、冒頭にお話ししたように、脳は慣れないことはどんどん苦手になりますから、友人が少なく孤立した生活が長くなるほど、人と接するのが辛くなる。一刻も早く人と交流し、脳に刺激を与えることが必要です。

――友達をつくる以外に、脳の感情系を刺激する方法はありませんか。例えばペットを飼うとか、「5ちゃん」でどこかの誰かと文字で話すとか、ゲームをするとかテレビを見るとか。読書は？

加藤　何もやらないよりはましでしょうが、生身の人間と話すのと比べると刺激が足りません。何を言い出すか予測のつかない相手との対話こそが脳にとっては、良い刺激となるんです。

加藤先生とのインタビューで何より重要なポイントは後半部分、「社会的に孤立し、他人と対話しなくなると、脳の記憶系や感情系の脳番地が刺激されなくなり、認知症に向かう」という部分です。

国勢調査などによれば日本の単身世帯は１９８５年以降、年々増加。２０３０年には37・4%、3世帯に1世帯は単身世帯になると予測されています。その4割は高齢者単身世帯で、内閣府の調査によれば、そうした一人暮らしのお年寄りの約5人に1人は既に、「2〜3日に1回」しか他人と会話をしていません。

加えて、別に単身高齢者ではなくても、川崎市登戸刺殺事件の容疑者のように、家族と暮らしながら孤立化している人もいます。ＯＥＣＤなどの調査によると「家族以外の人と交流がない人の割合」は日本では15・3%に上り、ＯＥＣＤ加盟国20カ国中、最も高い割合になっています。

加藤先生の指摘が正しく、今の状況が続けば、この国の認知症患者の数は激増する可能性があるのです。

既に、認知症まで行かなくても、孤独を要因に出現したと見られる様々な「新しいタイプの高齢者」は増え続けているようです。その1つは「凶暴老人」です。

2018年に名古屋大学大学院情報学研究科の川合伸幸准教授が同名の著書を出版し、有名になった「凶暴老人」という言葉。要は、駅やお店でちょっとしたことで必要以上に怒りを露わにする高齢者のことです。

列車内での口論、たばこのポイ捨てによるいざこざ、既に触れた公園などでの子供の声を巡るトラブル……。確かに、高齢者の凶暴化を連想させるニュースを耳にする機会は以前より増えたように感じます。

急増する企業クレームの〝犯人〟か

さらにこんな話もあります。

ある健康機器メーカーの顧客相談窓口に電話がかかってきたのは2014年夏のこと。声の主は60代後半の男性で、「1カ月前に購入した血圧計が故障した」というよくある苦情でした。

応対した担当者は謝罪をした上で、マニュアル通り「着払いで血圧計を送ってもらえば新品に交換する」と申し出て、男性は了承しました。これが、この男性との長い〝闘い〟の始まりでした。

再び電話が来たのは1週間後。交換した商品にも不良箇所があったのではと気をもんだ担当者でしたが、男性の口からは思いもよらぬ言葉が飛び出しました。「商品は受け取りました。では次に、なぜ不良品が発生したのか原因を特定し、報告書を提出してください」。

話を聞くと、この男性は大手メーカーで品質保証部門の責任者を務めた経歴がありました。そのためモノ作りの現場には詳しく、原因を一通り説明しても「そんな品質管理はあり得ない」「検査工程にこうした課題があるのではないか」と一歩も引きません。何度もやり取りを重ね、やっと納得したと思ったら、「次は、今後の対策を一緒にまとめていきましょう」と言い出したそうです。

高齢者による〝緩やかなクレーム〟が急増

この会社では、高齢者による同様の〝穏やかなクレーム〟がここ数年、急増しているとのこと。社内では「上司気取り型クレーム」「昔取ったきねづか型クレーム」などと呼ばれ、警戒されています。

こうした状況の背景として、この会社の社員の多くが、言葉を濁しながら、口をそろえて指摘している理由があります。それが、孤独な老人の増加です。

コールセンターの専門誌を発行する出版社のリックテレコムが昨年実施した調査では、企業に電話で問い合わせをする人の35・8％は60代以上で、他の世代よりも圧倒的に多い傾向があります。

もちろん、大半は正当な問い合わせだと思われますが、日夜、店頭や電話で厄介な苦情に悩まされている社員たちからは「面倒なクレームを持ち込むのは圧倒的に男性高齢者、はっきり言えば団塊の世代」との声が上がります。

「時間はあるし、一昔前のお年寄りに比べ元気。一方で会社中心主義の人生を送ってきたため、女性に比べ地域に居場所はなく孤独でもある。彼らが持て余したエネルギーを最もぶつけやすいのは企業。特に逃げ場のない顧客相談窓口は格好の〝標的〟になる。実際、厄介なクレームは団塊が大量退職を始めた時期から一気に増えた」

大手メーカーのサポート担当者は、あくまで個人的意見と前置きしながら、こう力説します。

社会不安の温床になりかねない上、認知症の原因にもなる恐れがある社会的孤立。もっとも、この問題を解決して「孤立大国ニッポン」の状況を改善する方法自体は明確です。みんなが友達をたくさんつくればいいのです。

問題は、友達などというものはそう簡単にはつくれない、という点にあります。

フンザの物語に人々が魅了される理由

1997年から毎日新聞に連載され映画化もされた宮本輝氏の長編小説『草原の椅子』は、出世街道に陰りが見え始めた50歳の主人公・遠間憲太郎が、母親に虐待されて育った4歳の少年、圭輔との出会いを通じて、人生を再生していく物語です。

この小説のキーマンが、離婚し仕事にも疲れ果てた憲太郎を勇気付ける役を担う中小企業の叩き上げ社長、富樫重蔵です。憲太郎と重蔵は長年仕事を通じての知り合いでしたが、互いの悩みの相談をする中で友情が芽生え、2人は「50歳の、新しい親友」となります。重蔵は、圭輔との関係性や骨董品店を営む女性への恋に揺れる憲太郎を励まし、最終的に、4人は世界最後の秘境パキスタン・フンザへ旅立ち、物語は大団円を迎えます。

小説の中核となる憲太郎と重蔵の〝老いらくの友情〟。多くの人がこの物語に魅了され、2人の関係をうらやましく思うのは、〝実際の世界では、いい年をした大人に親友なんて簡単にできるはずがない〟という真実にみんな薄々気付いているからです。

人間は年を取れば取るほど、友達がつくりにくくなる——。例外もあるとはいえ、多くの人はこう感じています。もちろん、中高年になっても、カルチャースクールに参加し、蕎麦打ちなどの趣味を始め、地域のコミュニティに飛び込めば、顔見知りや知人はできます。

しかしそうやってつくった友人は、残念ながら、幼少期から青年期にかけての濃密な時間を共有し、同じ時代の空気を感じ、共通の経験をしながら関係を築き上げた「無二の親友」にはなり得ません。

千里山交番襲撃事件の容疑者が感じていたのもまさにそこで、犯行直前まで小中学校時代の旧友との邂逅を求めていたのは、大人になってからできた知り合いにはぶつけられない気持ちを彼らに聞いてほしかったからではないでしょうか。

こうして、だいぶ遠回りはしましたが、本章で言いたいことが見えてきました。

なぜ人は同窓会に行かねばならないか。それは、同窓会に背を向けるということは、顔見知りや知人と異なる「旧友」とのパイプを自ら断ち切ることに他ならないのです。

現役世代の間は、好き嫌いは別にして多くの人は職場という社会との接点を持っています。しかし引退した後はその接点は急速に薄れていきます。中には、現役であっても社会との接点が消えつつある人もいます。例えば「ノー残業デー難民」です。

「ノー残業デー難民」が映す現役世代の孤立化

「自分だけでもいいので、ノー残業デーを水曜以外にしてもらえないか」

あるメーカーの工場で最近、50代の社員、A氏から人事部にこんな奇妙な相談が舞い込みました。なぜ水曜だとダメなのかと聞くと、別の会社に勤める妻がやはり水曜がノー残業デーで、お互い早めに帰宅すると、家で気まずいのだそうです。

ノー残業デーの過ごし方に悩む人はA氏だけではありません。印刷メーカーで働くBさんは35歳の独身女性。20代の頃は英会話教室に通ったり、異業種交流会に出席したり自分磨きに力を入れていたから、残業は少なかったそうです。

「しかし32歳を過ぎた頃から、自己啓発に励んできた友人たちが結婚や出産でいなくなり、自分も何だか疲れちゃって、だらだらと残業するようになった。変に思われるかもしれないけど、今は難しいことを考えず残業するのが一番、気が楽。ノー残業デーは困ってしまいます」。Bさんは自嘲気味にこう話します。

今、首都圏近郊のベッドタウン近くの居酒屋、ファミリーレストラン、パチンコ店、サウナは毎週水曜、かつてないにぎわいを見せているそうです。ノー残業デーを導入した企業に勤める退社後に行くあてのない社員たちが集まっている、というのです。

神奈川県某駅周辺に行き、そうした事実を確認するとともに、ファミレスで飲酒しながら明らかに時間を潰していた52歳のC氏に話を聞いてみました。

「水曜は午後3時頃から憂鬱になる」。中堅商社で働くというC氏はこうため息をつきます。ノー残業デーが試験的に始まった今も水曜日以外は午後9時に退社している。業務が忙しいわけではないが、残業で退社時間を遅らせています。それが水曜日に限ってはできません。

同僚と飲みに行くこともめっきり減りました。C氏の役職は係長ですが、課長は年下。敬遠されている雰囲気をこちらも察し、一緒に飲みに行くことはほとんどないそうです。

そして家にも居場所はなし。中学生と高校生の子供がいますが、育児を手伝うこともなく、毎晩遅く飲み歩いたことが響いてか、あまり懐かれていません。とはいえ、教育費は増え小遣いは減る一方。会社を早く出ても遊ぶことはできず、ファミレスで数時間過ごし、30分ほど歩いて時間を稼ぎながら帰るのだそうです。

「ノー残業デーだけはやめてほしい」。C氏は取材中、スマホを見ながら何度もそうつぶやきました。そのスマホの「連絡先」に同窓生の連絡先が載っていることはなさそうです。

働き方改革の進展に伴い、多くの企業が導入した特定の日の定時退社を徹底する「ノー残業デー制度」。しかしそれは同時に、「社会とつながっているはずの現役世代の間にまで広がる孤立化」を露わにしつつある、と言えるかもしれません。

では、本章の結論です。

「孤立化」が蔓延する現代社会において、同窓会は「真の友人」と自分をつなぐ貴重なパイプである。それを断ち切ることは孤立化を深め、認知症の要因にもなりかねない――。

以上となります。

そして、この結論は、全国の「同窓会に行けない症候群」に悩む人々にある種の福音をもたらします。孤立化にさえ気をつければ、行きたくない同窓会になんて行かなくていいんですから。

……えっ？

もしかして、ここまで本書を読んでいただいた皆様はこの本を、多くの人に同窓会に行くことを推奨する啓発書の類だと思われていましたか。全くの誤解です。そんなこと言うわけないでしょう。

繰り返します。行きたくない同窓会なんて行く必要はありません。

最終章

あとがきに代えて

東京・錦糸町から始まった物語がようやく最後までたどり着きました。

前章までに、今の現役世代が同窓会に消極的な理由を分析し、どうすれば同窓会に参加できるかを考え、最終的に「孤立化」という名の、同窓会に背を向ける代償まで展望してきました。

最後のリスクをもう一度振り返ると、次のようになります。
①現代社会では「孤立化」が様々な社会不安の温床になりつつある。
②同窓会という旧友とのパイプを失うと、ただでさえ孤独な現代人の「孤立化」がさらに進行しかねない。
考えてみれば、同窓会から足が遠のいている人が、毎回欠かさず参加している人より、人と接する時間が少ない暮らしを送っていることは容易に想像できます。専門家の言葉を借りれば、「同窓会か…行きたくないな…」と思い始めること自体、人と交流することを脳が苦手に感じ始めた予兆なのかもしれません。

にもかかわらず、前章の最後で「行きたくないなら同窓会に行く必要はない」と言いました。

なぜか。

「どうせ人はすぐに死ぬのだから、なるべく『したいこと』だけして、『したくないこと』はせず楽しく暮らした方がいい」と思うからです。

ただでさえ、この国の人の多くは、現役世代の終盤まで、学校や会社という狭い空間に閉じ込められ、常に周囲の目を意識し、絶えず他と自分との序列の差を気にしながら、「したくないこと」もして生きていかねばなりません。

ならば、50代以降の残された時間くらい、環境が許す限り「したくないこと」は無理にせず、のんびり生きても罰は当たらない、と思いませんか。

「同窓会に行くリスク」もある

たかが同窓会、されど同窓会。参加すればお金も時間もかかります。田舎特有の閉鎖的空間が再現される中、濃厚な人間関係に悩まされた嫌な思い出が蘇るかもしれない。あるいは、多様性を認めない息苦しい学校生活になじめなかった記憶がフラッシュバックするかもしれません。かつてのスクールカーストの上位者は、下位だったあなたに必ずマウントを取ってきます（あなたが成功していればマウントはより凶暴になる恐れがあります）。学校時代に周囲と確執がなくても、田舎から出たことがない人とそうでない人との価値観の隔たりは歳を重ねれば重ねるほど大きくなっているはずで、同窓会に出ても、待っているのは感動の邂逅どころか、噛み合わない会話かもしれません。

「同窓会か、気が進まないな」。そう思うなら、もう行かないでいいじゃないですか（幹事の方や恩師に丁寧に欠席の旨を伝えることは必要かもしれません)。

「35年ぶりに会ったイトーさんが若々しく心がときめいた」といったドラマのような事態に遭遇する可能性がゼロとは申しません。しかしその確率は、それこそ起業で成功する確率よりずっと低いことをここに断言します。

「同窓会に行かないとおかしい」は同調圧力

「同窓会に行かない」と聞いて多くの人が後ろめたい気持ちになるのは、「同窓会に行かないなんておかしい」という古い世間の常識にとらわれているからです。同質性を重視するこの国では今も、こうした様々な同調圧力が蔓延しています。

「友達が多いほど人間は幸せ。友達が少ないのはおかしい」

「子供がいない人生なんて意味がない。子供がいないのはおかしい」

「人は〝自分の城〟を持ってこそ一人前。持ち家がないのはおかしい」

「同窓生はかけがえのない財産。同窓会に行かないのはおかしい」↑new
こうした、自分たちと同じ価値観・環境を持つ者だけを「仲間」とし、そうでない少数者を排除し差別する際に使われる同調圧力は間違いなく、日本人の人生を生きづらいものにしていま

す。誰もがみんなと同じように普通に生きられるはずはない。にもかかわらず、いまだに世の中には、「いつまでも独身の人は信用しない」「子供がいるかどうかで（人間の）信用度は異なる」などと公言する人もいます。こういう人とは関わらない、近づいて来たら逃げればいいのです。

もっと言えば、本当は、本書が指摘している「平成30年間の経済環境の変化」で周囲と同じように大きく自信をなくす必要すらないのかもしれません。

①会社で出世しなかったから
②起業して失敗したから
③「好き」を仕事にできなかったから
④「仕事以外の何か」が見つからなかったから

いずれも本人にとってショックな出来事なのは事実です。しかし一連の憂き目に遭っているのは、あなただけではありません。

例えば①。日本企業が今後も活力を維持し続けたいなら、社内の「年次逆転現象」は避けて通れません。企業が、環境変化に対応し成長を続ける上で最も有効な形が「ピラミッド型組織」です。経営層、中間管理職、現場と、階層が下がるにつれ人員や組織数が増える形態こそが、最も効率的に組織を動かし投資効果を最大化させられる。だから、世界中の大半の組織はこの形をしています。

その場合、同レベルの人材が集まった企業であれば、社員間の能力の差を分けるのは経験しかありませんから、理屈の上では健全な組織ほど、より経験のある者（より年次が上の者）が上位に座るピラミッドになります。

ところが、日本のように高齢化と人口縮小が続く国では、この理想の形は長く続けられず、何もしなければ企業活力の源泉であるピラミッドは大きく縮

小してしまいます。日本の大企業の多くはまさに今、この形に移行しつつあり、ピラミッドからはみ出したミドルたちが取って付けたような肩書で生産性の低い作業に従事し、暇を持て余し、組織を少人数で支える若手は消耗するばかりです。日本企業の現場力が低下しているとよく言われますが、それは無理もない話なのです。

この問題を解決するには、ミドルたちを再びピラミッドに組み込むしかありません。そうなれば、上司と部下の逆転人事は避けられない。年下上司を持つことはもはや〝数学的必然〟なのです。

こう聞くと悲しい気持ちになる人もいるかもしれませんが、そんなことはありません。ピラミッドの枠にしがみ付き〝どうでもいい仕事〟を続けるより、自分が磨いてきたスキルを武器に現場に立ち続ける方がよっぽど精神衛生上いい、と思う人も少なくないのではないでしょうか。

そんな生き方を提示したのが、1986年10月から日本テレビ系列で放送された人気テレビドラマ『あぶない刑事』です。横浜・港署を舞台に、舘ひろし氏演じる鷹山敏樹と、柴田恭兵氏扮する大下勇次の破天荒な捜査を軸に展開するこの刑事劇は、現役にこだわるミドルに、年下上司を持つことの有効性を説く物語でもあります。

放送開始当時、30代だった2人の主人公も、最終作である2016年1月劇場公開『さらばあぶない刑事』では定年間際。しかし2人は依然として捜査の最前線で拳銃を撃ち鳴らし悪党退治を続けています。出世を拒み現場に居続ける道を選んだからです。

そんな最新作で2人の上司となっているのは、30年前、2人の下に新人刑事として配属されてきた仲村トオル氏演じる町田透です。2人のむちゃな仕事の進め方に苦言を呈する一方で、最大の理解者としてその活躍をあうんの呼吸でサポートしていきます。

ピラミッドからはみ出しながら、無駄な会議に明け暮れ、現場から邪魔者扱いされるより、〝タカとユージ〟になった方がいいという人も大勢いるはずです。

そうは言っても、上司が年下なのに同窓会に行くのは恥ずかしい？　だったら行かなければいいんです。

②も同様です。起業で爆発的に成功しなかったのもあなただけではありません。むしろ開業

率が低いこの国で起業し、生活を維持し、他人に迷惑をかけることなく家族を養っているとすれば、それはもう大健闘と言っていい。

③と④について言えば、そもそも「好き」を仕事にしたり、「仕事以外の何か」を堪能しながら暮らしている人なんてどれだけいるのでしょう。「好きと仕事」については、昭和の名エッセイストで2000年に52歳の若さでなくなった故・永倉万治氏が「決定的なアドバイス」を遺してくれているので、それを読んでいただくのが一番と思い、引用します。

名エッセイストが遺した「仕事選びの唯一の鉄則」

永倉氏がある高名な画家に会った時の話です。話が「仕事の選び方」に及んだ時に、画家はこんなアドバイスをくれます。

「嫌いなことは、よしなよ」。わかりやすい。嫌いなことをやることはない。エライ。さすが。わかってる。私は、そう思いました。さらに画家は、ネスカフェにクリープを入れながら話を続けた。

「でもな、好きなことっていうのも、案外わからないもんなんだな」

まあ、そうです。わかりにくい。嫌いはわかる。しかし好きかどうかはわかりにくい。

「でもな、ぼんやりでも好きなものってあるんだよな」

ある。ぼんやりならあります。うんと食べる。うんと眠る。うんとアレをする。それ以外の話でしょう?

「それだけじゃ食えないからな」

ごもっとも。ごもっとも。あれとこれくらいかな、と私は思った。

「ともかく嫌いはダメ。それで、ぼんやりでも好きと思ったら、それをまず三年は続けてみる。毎日だ。毎日三年。そうやってみれば、好きか嫌いか。むいてるかむいてねえかわかる。あきらめもつく。それでもいけそうだったら、もうあと十年続ける。何でも十年続ければ一人前。まちがいない。これしかない。毎日十年。そうしたら誰でもプロになっちゃう。まあ、そういったものね」と画家は私にいった。

私は、この画家の言葉を信じている。

（出典：『とげぬき地蔵通信』ダイナミックセラーズ）

永倉氏が遺した「仕事選びの鉄則」は明快です。

①「好きになれそうなこと」を3年やって、自分に「向いてるか」確認する。

②「向いてそうだ」と思ったら10年やる。何でも10年やれば、プロになる。

スポーツや芸能の世界を除けば、多くの人は実際に会社に入るまで、その仕事の中身を十分理解することはできません。「好き」を仕事にできるどころか、どんな仕事を自分が好きなのかすら普通の人は厳密には分からない。それでも、多くの人は、縁あって巡り合った仕事に向き合い、何とか〝好きになりながら〟暮らしています。その合間に「仕事以外の楽しみ」を少しずつ味わいながら。だから、「好き」を仕事にできなかったのも、「仕事以外の何か」が十分に見つからなかったのも、普通のことなんです。

そうは言っても、同窓会に行くのは恥ずかしい？　だったら行かなければいいんです。

そもそも、自由市場経済の国であれば、近代化と経済的発展の過程で、「特に艱難辛苦を経ずとも、国民の多くが大人になるにつれて自然と自信を深められるステージ」を嫌でも経験します。日本で言えば、１９５０年代、朝鮮戦争の特需景気で戦後の焼け野原からの復興が本格化した頃からそれは始まり、１９８０年代のバブル崩壊まで続きました。

会社に入りそれなりに辛抱強く働いていれば昇進し、無理をしてもローンで家を買えば土地神話で一大資産となりました。「大人になれば家族を持つのが当たり前」という世間の常識（圧力）と女性の社会進出の遅れを〝追い風〟に、多くの人は結婚に漕ぎ着け、将来どうなるかはさておきとりあえず自慢の息子・娘もできました。

「俺はここまで頑張ったぞ。見てみろ、これがベストな人生だ。どれどれ、他のやつはどうなったかな」――。そうやって意気揚々と同窓会に乗り込んでいた高齢の方。それは、あなたが偉かったのではない。偉かったのは「時代」なのです。

経済が成熟していく中、今後は「手に入れた幸運を自慢しあう場」としての同窓会はその役目を失い、衰退していくことでしょう。それは、中国でも韓国でもマレーシアでも近代化を終えつつあるすべての国に起こりえることだと思います。

では、「孤立化」のリスクはどうするか

もちろん、「同窓会的なもの」に背を向けるのであれば、そのリスクも十分に考慮しなければなりません。「孤立化」をどうするかです。

これについては各自がそれこそ自助努力して工夫するしかないでしょう。定年後も仕事をする、かつての同僚と連絡を取り続ける、家族と仲良くなり会話する、地域コミュニティに参画する、習い事をする、犬を飼う（散歩でコミュニケーションが生まれます）、旅行をする……。最近は社会的孤立をテクノロジーで解決しようという動きも生まれています。ＡＩ活用です。

孤立化による認知症患者の増加に警鐘を鳴らす加藤俊徳先生は、「オンラインゲームやパソコンの中のＡＩとの対話と違って、ヒューマン型アンドロイドとのコミュニケーションであれ

ば、脳の感情系が刺激される可能性はある」と指摘しています。

「実際にやってみるとよく分かるが、相手が三次元で、しかも人間のように身振り手振りを交えて反応してくれると、たとえ相手がＡＩでも脳の感情系はそれなりに刺激されると実感する。技術が進化すれば、対話することで脳に刺激を与えるＡＩシステムやロボットも誕生するかもしれない」（加藤先生）

２０３０年に3世帯に1世帯は単身世帯になる日本。日本人は優秀なのですから、こうしたテクノロジーの進化で孤立化を防ぐ社会づくりもまだまだ進んでいくはずです。

では結論です。

歌人・劇作家として活躍した故・寺山修司氏は「さらばハイセイコー」で言いました。

ふりむくな　ふりむくな　うしろには夢がない――。

過去を振り返っても未来は変わりません。だから「孤立化」にさえ気をつければ、行きたくない同窓会になんて行く必要はありません。その代わり、同窓会に行かないなら、未来のために自分が今、一番やりたいこと、一番楽しいことを1つやってください。

私なら台北に行きます。

士林夜市の地下にあるフードコートの席に座り、名作台湾映画『恋人たちの食卓』には絶対出てこないＢ級グルメをたくさん注文します。ソフトシェルクラブのから揚げ、〝あわびモドキ〟

の蒸し料理、切り干し大根入りの卵焼き。地元客と観光客でごった返す店内、子供たちの嬌声、怒鳴り声のような店員の呼び込みと笑顔。政治、戦争、環境を口角泡を飛ばし議論する高齢者、どこからか聞こえる古いアジア歌曲、よく冷えた台湾啤酒……。ザッツ・オール。

同窓会には行けなくなった。それでも、物語は続くのです。

２０１９年８月

著者

【参考文献】

日経ビジネス　2015年1月19日号　特集「『お客様は神様』じゃない」
日経ビジネス　2016年5月16日号　スペシャルリポート「残業が減らないのは家に帰りたくないから」
日経ビジネス　2016年12月5日号　特集「おのれ！　間接部門」
日経ビジネス　2017年7月3日号　スペシャルリポート「年下上司のなつかせ方」
日経ビジネス　2017年7月24日号　特集「便乗時短」
日経ビジネス　2018年2月19日号　特集「社員の賞味期限」
日経ビジネス　2018年6月18日号　特集「富裕層はどこへ行った？」
日経ビジネス　2018年7月2日号　特集「2025年　稼げる新職業」
日経ビジネス　2019年2月18日号　特集「どこにある？　ベストな人生」
日経ビジネス　2019年3月25日号　特集「凄い人材確保」
日経ビジネス　2019年4月8日号　特集「起業、失敗の後」
日経ビジネス　2019年5月13日号　特集「売られた社員　20の運命」

帯、目次、扉、本文内のスタンプ／大嶋 奈都子

著者略歴

鈴木 信行（すずき・のぶゆき）

1967年生まれ。日経ビジネス副編集長。

2017年、著書『宝くじで1億円当たった人の末路』がシリーズ累計18万部のベストセラーになる。

同窓会に行けない症候群

2019年8月26日　初版第1版発行

著　者	鈴木 信行
発行人	廣松 隆志
発　行	日経BP
発　売	日経BPマーケティング 〒105-8308 東京都港区虎ノ門4-3-12 https://business.nikkei.com
装　丁	小口 翔平＋山之口 正和（tobufune）
編　集	山崎 良兵
本文デザイン	エステム
印刷・製本	大日本印刷株式会社

本書の無断転用・複製（コピー等）は著作権法上の例外を除き、禁じられています。

購入者以外の第三者による電子データ化及び電子書籍化は、私的使用を含め一切認められておりません。

落丁本、乱丁本はお取り替えいたします。

本書に関するお問い合わせ、ご連絡は下記にて承ります。

https://nkbp.jp/booksQA

©Nikkei Business Publications, Inc. 2019, Printed in Japan
ISBN978-4-296-10329-4